Título
Solo sigue corriendo

Autor:

MANUEL MORENO

Todos los derechos reservados©

Just Keep Running- Solo sigue corriendo

Los derechos reservados.

Esta publicación no puede reproducirse, transmitirse o venderse, en su conjunto o en parte, en ninguna forma, sin previo permiso escrito de su autor. La única excepción es si quieres citar un pequeño fragmento del libro para hacer una reseña o crítica del mismo.

El autor no asume ninguna responsabilidad por el uso que se pueda hacer del contenido de este libro. El lector es el único responsable de sus actos.

All rights reserved©

This publication cannot be reproduced, transmitted or sold, in the whole or in part, nor in any way, without prior written permission of the author. The only exception is when you want to mention a little fragment of the book to make a review or criticism of it.

The author does not take any responsibility for the use that can be made out of the book's content. The reader is the only responsible one for her/his actions.

ÍNDICE

1. Cómo Volver a Correr Más Fuerte Que Antes
2. Los Efectos Beneficios de la Vitamina D en la Carrera
3. Los Pros y Contra de Correr en Compañía
4. ¿Por Qué El Running Está Entre Los Deportes Más Difíciles
5. Los Tipos de Runners Que Puedes Encontrar en el Parque
6. Las Mujeres Corren Mejor Que Los Hombres
7. Olvídate de los Prejuicios de las Mujeres en la Carrera
8. Deporte a Alta o Baja Intensidad
9. La Sudoración Óptima en la Carrera
10. Lleva un Buen Estilo de Vida
11. Lo Que Necesitas Saber de La Carrera y el Parto
12. Las Endorfinas y la Actividad Física
13. Carrera y Fertilidad Femenina
14. La Alimentación de las Runners
15. Come un Poco de Todo
16. Qué Comer Cada Día
17. Estar en forma todo el año
18. Mujeres y Molestias en la Carrera
19. La Carrera Beneficia Más a las Mujeres En Cuanto a Su Piel
20. Correr con Pasión y Metodología
21. Running. ¿Hasta Dónde Puedo Llegar?
22. No Todos Aman los Maratones
23. Qué Te Caracteriza Como Un Runner
24. Cuánto Estás Dispuesto a Pagar por tus Zapatillas Running
25. Consejos Para No Aumentar de Peso en Diciembre
26. ¿Cómo Sobrevivir a la Navidad?
27. ¿Cómo Potenciar la Carrera de Resistencia?
28. Los Omega 3 En el Deporte. Cuando las Grasas Son Esenciales
29. La Evolución del Look del Runner
30. Paso a Paso Llegamos en la Carrera
31. Por Qué el Core es el Centro de Todo
32. Hacerse Fuerte En Un Modo Natural
33. La Carrera en Bajada
34. La Carrera Reduce El Estrés
35. Correr en la Hora de Almuerzo Elimina el Estrés
36. Qué Es la Vejez en la Carrera
37. ¿Correr Hace Que Envejezcas Mitos a Desmentir
38. Las Limitaciones Mentales Que A Menudo Limitan a un Runner
39. Se Puede Participar en una Competencia Cada Semana
40. Descubre Estas Ideas de Regalo Para un Runner

Just Keep Running- Solo sigue corriendo

¿Cómo Volver a Correr Más Fuerte Que Antes?

Quizás has tenido una semana muy ocupada por el trabajo, o has estado de viaje, incluso puede ser que hayas estado enfermo por algunos días y has dejado de correr, sintiéndote un poco fuera de práctica, y aunque suele suceder que nos detenemos por un largo tiempo y dejamos de entrenar, a continuación, te brindamos un consejo sobre **cómo volver a correr más fuerte que antes**.

Tomarse una pausa de los **entrenamientos**, porque así se desea o para volver a ganar fuerzas, es algo que sucede con mucha frecuencia, sin embargo, viene acompañado por el umbral de lactato y el volumen de sangre disminuye.

En general, para los **runners expertos**, volver a la **actividad física** es más simple y los tiempos de recuperación son reducidos, con relación a los principiantes. De allí que, surge la siguiente pregunta: *¿Cómo regresar a la pista y entrenarse más fuerte que antes?*

La Memoria de los Músculos
Hace falta saber que nuestro cuerpo no "olvida" su potencial: apenas empiezas a correr, cualquier movimiento será natural y familiar. La memoria de los músculos es una peculiaridad sorprendente y también a nivel mental volver a tomar una actividad a la cual ya estábamos acostumbrados es mucho más simple con respecto a aprender una completamente nueva.

¿Qué Hacer Cuando Enfrentamos un Stop Obligado?
Cuando se enfrenta un stop obligado, por ejemplo, a causa de una lesión, es necesario **mantener viva la motivación**. La actitud desarrolla un rol decisivo, no se deben perder los ánimos sino emplear el tiempo en manera constructiva concentrándose en otras actividades, como, por ejemplo: la natación o el ciclismo.

Además, alguna que otra semana "en stand-by" para la realización de actividades físicas puede ser más útil para aprender a reposarnos y **escuchar nuestro propio cuerpo**.

¿Se Pierde Masa Muscular?
Durante esta fase perder masa muscular es normal pero no hace falta preocuparse porque será recuperada gradualmente, apenas se vuelvan a retomar las **sesiones de entrenamiento**. Al inicio, cuando volvemos a la pista de carrera, es importante no exagerar, sino que se debe proceder gradualmente con los esfuerzos.

¿Cómo Volver A Entrenar Según Los Tiempos de Pausa?
Cada tiempo de pausa requiere diferentes **intensidades de entrenamiento** al inicio. Si has estado en pausa de los entrenamientos por algo más de una semana, es claro que se puede retomar normalmente con el mismo ritmo. El discurso, en cambio, cambia si el stop es prolongado, en tal caso, se deben seguir las siguientes recomendaciones:

- 10 días. Se debe correr al 70% del propio **volumen de entrenamiento**.
- Hasta los 30 días. Se debe correr al 60% del propio volumen de entrenamiento.

- Hasta los 3 meses. Hace falta correr al 50% del **programa de entrenamiento**.
- Más de 3 meses. Es necesario volver a iniciar desde el principio.

Como hemos visto, en el caso de pausas más largas, se requiere más tiempo. En el caso de enfermedades o alguna lesión, se puede tomar nuevamente el **hábito de correr** normalmente si somos capaces de caminar por 45 minutos sin pausas y sin sentir dolores.

El cuerpo deberá readaptarse al **running**, pero al mismo tiempo no hace falta sobre cargarlo, por tanto, es necesario aumentar cada semana los Km gradualmente, en un 10% más, hasta retomar los entrenamientos al mismo ritmo de antes.

Todo esto se logra, programando naturalmente también los **días de reposo**.

¿Qué Pasa Si Se Pierde la Motivación?

Si estamos en pausa de la carrera, porque la motivación ya no está presente, un truco infalible es inscribirse a una **competencia running** de 5 Km, a modo de tener un motivo para entrenarse y un objetivo que perseguir.

Y si esto no basta, otro modo de volver a **despertar las ganas de correr** y encender la **pasión running**, es frecuentando un grupo de corredores, para divertirse y **evitar saltar el entrenamiento**.

Just Keep Running- Solo sigue corriendo

Los Efectos Beneficiosos de la Vitamina D en la Carrera

La vitamina D es un micronutriente que en realidad aporta enormes beneficios a la salud y al performance deportivo de un runner. Descubramos a continuación, los efectos beneficiosos de la vitamina D en la carrera.

Todos la conocen como la "***vitamina del sol***" y sea cual sea el modo en la cual se le conozca, los **efectos de la vitamina D** en el organismo son innegables. Es muy importante incluso para la **salud del runner**. Según muchos estudios, la mayor parte de las personas sufren de carencia de vitamina D sin saberlo.

Se trata de un fenómeno muy común de lo que se piensa, especialmente entre deportistas que se entrenan a altas altitudes y en las regiones en la cuales el invierno es más oscuro y largo. Y no sólo eso, también los atletas que se entrenan indoor tienen dificultades para abastecerse de esta vitamina esencial.

¿Por Qué La Vitamina D es Tan Importante Para Los Que Corren?
La vitamina D es tan importante para quien corre y es necesario satisfacer sus requerimientos diarios por los siguientes motivos:

- **La vitamina D refuerza el sistema inmunitario.** Una persona que se entrena en un modo regular y en una manera más o menos intensa expone al propio organismo bajo estrés, por tanto, también a más eventuales influenzas o resfriados. Por ende, satisfacer los requerimientos diarios de este micronutriente en las épocas del año que son más frías es esencial para protegerse de los ataques externos.
- Además, la **vitamina D acelera la recuperación post-entrenamiento** haciendo que el cuerpo esté más acostumbrado a carreras regulares, incluso durante el invierno.
- También los músculos se benefician del efecto positivo de la vitamina D. Se sabe que esta vitamina contribuye a **reforzar los músculos**, y según lo dicen algunos expertos, resulta ser aún más eficaz si se combina con la **vitamina K**.
- Como es conocido, la vitamina D hace bien a los huesos y **optimiza la absorción de calcio**: mientras mayores sean sus niveles en la sangre, menor es el riesgo de incurrir en osteoporosis y en las típicas fracturas por el estrés a las que algunos corredores están expuestos.

Tratándose de una vitamina hidrosoluble, a la par de la vitamina K, E y A, el organismo necesita de grasas para poderla disolver y absorber. Por tal motivo, es necesario cuando se asumen comidas ricas en esta vitamina, consumir en combinación los alimentos ricos en grasas "buenas", tales como, el aguacate, las nueces, y los aceites vegetales de alta calidad.

¿Cuál es la Dosis Diaria Recomendada de Vitamina D?
Las dosis diarias recomendadas de vitamina D es de unos 40-80 mg/ml. Los niveles pueden ser monitoreados a través del **análisis de sangre**, y no solamente en invierno.

Just Keep Running- Solo sigue corriendo

Considerando el hecho que el organismo es capaz de producir esta vitamina de manera autónoma es aconsejable favorecer tal proceso, exponiéndose al sol incluso por sólo un cuarto de hora al día (y media hora en invierno), sin filtros solares, 4 veces a la semana.

Los runners que prefieren correr en la mañana o al atardecer deberían tomar en consideración que, durante esas horas, los rayos solares son más débiles, y que a pesar de que se pase tiempo al aire libre, la exposición podría resultar insuficiente. En tal caso, se podría considerar la idea de ingerir **suplementos de vitamina D**, luego de haberlo consultado con el médico de cabecera.

La vitamina D, incluso, puede ser asumida también a través de la alimentación. La encontramos en:

- Algunos peces. Pez azul y salmón.
- En productos lácteos y huevos, así como también en los hongos.

Empieza desde hoy mismo a disfrutar de los **beneficios de la vitamina D en el running**.

Los Pros y Contra de Correr en Compañía

La carrera es un deporte solitario: **la fatiga** la sufres solo, **el entrenamiento** lo llevas a cabo solo, incluso la alarma que te despierta en la mañana la configuras por tu propia cuenta, pero no siempre suele ser así. A pesar de que **el runner** pueda parecer un lobo solitario, correr por nuestra propia cuenta es una experiencia maravillosa y extremadamente útil. Averigüemos los pros y contra de correr en compañía.

Más allá de las **salidas running** en los **grupos de carrera**, en los que se corre todos juntos en compañía, también existen frecuentemente grupos pequeños de hasta 6/7 personas que comparten una única pasión: **el entrenamiento, el recorrido, y la cadencia.**

Descubre los Pros
Para poder apreciar el **placer de una carrera** en compañía debes obviamente probarlo por ti mismo.

- Es un sistema infalible para lograr **entrenarse regularmente**, evitar perder estímulos y, sentirse motivado al contar con un compañero de entrenamiento que sea disciplinado.
- **Aumenta la motivación.** Ya que cuando te sientes comprometido a salir a correr con tu amigo, esto te motiva a no buscar excusas porque quieres cumplir tus compromisos.
- **Se crean relaciones de amistades.** Como en toda situación en la que se comparten experiencias difíciles y fatigosas, las relaciones de amistad entre los runners son favorables.

Trata de Mantener el Ritmo
Sub-divide la carrera de 30-40 minutos en fracciones de 5 minutos, intercaladas por etapas de recuperación del paso de 1-3 minutos. Durante cada trayecto de la carrera uno de los dos debe guiar a la pareja sin hablar, prestando atención a **mantener un ritmo regular y sostenido.**

Mientras que el otro continúa a correr, tú juegas el papel de entrenador, brindando consejos que puedan ayudar al compañero a correr en el mejor modo posible, y también en condiciones de **esfuerzos intensos.**

Acorta el paso y relaja los músculos, no saltes mientras corres, no lleves el movimiento de los hombros demasiado hacia atrás. Luego de cada recuperación, cambia los roles.

Evalúa Bien las Distancias
Para estar seguros de no estar corriendo muy fuerte, deberías ser capaz de evaluar con precisión la distancia que has recorrido. Esto quiere decir que debes contar con un sistema de monitoreo, tal como lo puede ser un GPS o un acelerómetro, o bien sea entrenándo en recorridos medidos y señalados, o en una pista de carrera.

Just Keep Running- Solo sigue corriendo

Después del calentamiento, uno de los dos deberá controlar regularmente la distancia, evidenciando el paso a cada 500 metros o más. El otro runner, en base a la información recibida, debe ralentizar o acelerar el paso en modo tal de volver a llevar el ritmo a lo ya programado por el entrenamiento. Se pueden tomar pausas de paso si necesitan discutir cómo **regular la cadencia en el running**.

Cuando el ritmo se haya estabilizado, quien controla la distancia se limitará a anunciar el paso a varios kilómetros.

Algunos Contras

Hemos visto que los beneficios son tantos, pero obviamente, existen algunos factores negativos que también se deben tomar en cuenta.

- A veces **correr solos es positivo**. El hecho de correr sin que salgamos con un compañero runner no es del todo malo. Pues podemos concentrarnos en nuestros propios pensamientos, podemos estar en silencio y tener nuestro momento de apartarnos del mundo, sin tener que interactuar con ningún otro ser humano.
- Si no mantienes el mismo ritmo running de tu compañero es ya un problema. Porque si tú corres veloz, y tu compañero corre lento, hace que la carrera sea menos eficiente.
- **Pierdes la libertad de improvisación**. El cambio de recorrido, velocidad, distancia, debe ser necesariamente concordado con los demás. Ciertamente, puedes también separarte del grupo, y no hay nada de malo en ello, pero esto no puede suceder siempre, sino *¿qué sentido tendría salir a correr en compañía?*

Just Keep Running- Solo sigue corriendo

¿Por Qué El Running Está Entre Los Deportes Más Difíciles?

Ciertamente podríamos pensar que cualquiera podría correr, en cambio, no bastan sólo buenos pulmones si **la motivación** no está presente, si el miedo a fallar está merodeando en tu mente. Cuando ésta crea dudas, tensiones e incertidumbres, puede en realidad paralizar tu rendimiento deportivo.

Incluso si falta la capacidad de sufrir, si el ansia te corta la respiración, si el miedo a no dar lo mejor de ti es algo en lo cual no dejas de pensar, entonces no importa si eres un **runner principiante**, apasionado, experto o, agonista, **el running** será siempre uno de los deportes más difíciles para ti.

Antes de **salir a correr**, debes **prepararte mentalmente** para la **aventura de la carrera**, que es a veces similar a la de la vida, y viene articulado en siete pasos fundamentales que te mencionamos a continuación.

1. Estar Motivados

Estar motivados para dar lo mejor de ti en la carrera, como si fuese un **desafío contigo mismo** que debes superar en cada entrenamiento, un nuevo récord que marcar. Créeme, eso construirá una fuerte **autoestima y autoconfianza**, que también lo verás reflejado en otros aspectos de tu vida.

2. Elige tu Aventura Running

Existen muchas maneras de **practicar running**, según el **estilo de carrera** que elijas y cómo lo llevarás a cabo, si saldrás a correr solo o con un **grupo de corredores**. Es importante que desde ya elijas tu **aventura running** y te animes.

3. Desafiar a tu Propia Mente

Desafiar a tu propia mente es casi como engañarla, por ejemplo, si debes recorrer 10 Km, ya desde esa cantidad la mente se pre auto fatiga a sabiendas de lo que debes correr, pero si subdivides la carrera en pequeños tramos, será más fácil de gestionar.

Por ejemplo, correr cada 2 km, te detienes y caminas por 2 minutos a paso rápido, y vuelves a correr otros 2 km, y así sucesivamente hasta completar los 10 Km.

4. Estimular a la Mente Que Corre

Estimular a la mente que corre quiere decir no ser tan duro contigo mismo si al inicio se te hace un poco difícil correr los kilómetros prefijados, lo esencial es que al final de **cada entrenamiento** te repitas constantemente: "*Bien hecho, mañana lo haré aún mucho mejor*".

5. Desear la Carrera

Si te estás entrenando para poder **participar en una maratón**, no hay nada más estimulante que eso. Por ello, debes **desear la competencia**, **amar la carrera** para que sea un **estímulo fuerte** que te impulse a entrenar con todas tus ganas.

6. Correr Más Veloz Que Lo Que Pensabas

Cada uno de nosotros conocemos nuestros propios límites, además el cuerpo con cada entrenamiento se fortalece y se va adaptando; de allí que, sea esencial ponerse desafíos para que el cuerpo siga desarrollando sus **potencialidades deportivas** en el **running**.

7. Tomar Ventajas de la Crisis

Todos pasamos por momentos difíciles en nuestra vida, por crisis económica, de pareja, laboral, entre otras, esto nos crea un estrés que afecta tanto nuestra mente como nuestro cuerpo. Lo mejor que se puede hacer en dichas circunstancias es tomar ventajas de la crisis, para que esa energía que sentimos en el momento: **adrenalina**, rabia, ansiedad, la usemos como combustible y la descarguemos mientras corremos.

Verás que al final de la carrera te sentirás mucho mejor, luego de haber drenado tus energías. Recuerda que, para cada obstáculo, **el cuerpo y la mente** se deben preparar para **superar un nuevo desafío**, del cual saldrás aún más fuerte. No puede jamás faltar la fuerza de voluntad y la motivación, si crees que estando solo no logras conseguir estos dos puntos claves, entonces un **compañero de running** puede ser de gran ayuda para motivarte. ¡**Buena suerte!**

Just Keep Running- Solo sigue corriendo

Los Tipos de Runners Que Puedes Encontrar en el Parque

Hemos realizado una investigación acerca de los **tipos de runners** que por lo general puedes encontrar en el parque. Veamos, en cuál de ellos te ves reflejado, averígualo a continuación.

1. Lo Importante es la Intención

Generalmente son esas mujeres que luego de los 40 años, están vestidas elegantemente como si fueran a un desfile de modas, maquilladas de pie a cabezas, corren en el parque imitando todos los **movimientos típicos de la carrera**, es verdaderamente un espectáculo. Parece algo de película, simulan en todos los **movimientos atléticos en el running**, sólo que lo hacen a una velocidad que puede ser superada incluso por quien se limita a pasear.

2. Los Runners Nostálgicos De los Viejos Tiempos

Son esos hombres de unos 50 años, que usan la **ropa deportiva vintage** que tienen con ellos varios años, van al parque corriendo breves trayectos entre los cuales alternan largos paseos, queriendo recordar esos viejos tiempos de cuando eran jóvenes e iban al parque a correr. Permanecen allí sólo por algunos minutos, no tanto como un deporte, sino como una "*vuelta atrás en el tiempo*".

3. Portadores Sanos de Sentidos de Culpa

Son aquellos que buscan ponerse en forma a la brevedad posible, casi como si su pareja les hubiese dado un ultimátum luego de los cual existe el riesgo de volver a estar soltero. Son personas que cuando corren se fatigan de manera sobrehumana, con la cara roja como un tomate maduro, a menudo con **sweaters térmicos** para sudar más.

Tienen una **cadencia en la carrera** que es fatigosa y difícil, son de aquellos que aceleran al instante apenas se encuentran con algún otro **runner**, para luego sentirse hecho trizas inmediatamente.

4. Los Adolescente Enamorados

Este **tipo de runners**, a menudo corren en parejas, con las miradas que se cruzan a intervalos de tiempo regulares. Para ellos no sirven los audífonos para mantener el ritmo, parece como si no sintieran la fatiga.

Del resto, no corren seriamente, porque se arriesgarían a poner en dificultad a su media naranja. La **carrera en el parque** es literalmente una diversión para ellos.

5. Quisiera, Pero No Quiero Arriesgarme

A este grupo pertenecen los "*jóvenes flojos*" que se aventuran a largas y lentísimas caminatas, fingen estar en el parque por casualidad, y no porque esperan perder kilos sin un verdadero esfuerzo. Apenas sienten la fatiga se detienen con la excusa de observar una flor.

Just Keep Running- Solo sigue corriendo

Cambian a menudo de horario cuando salen a correr, justamente para no hacer notar que su presencia en el parque es más que todo casual.

6. Soy El Rey del Parque

Es un grupo un poco pequeño y escaso, pero que ciertamente está presente, a este pertenecen casi todas las personas por debajo de los 30 años, que son egocéntricas, delgadas, corren en pantalones que son estrechos la piel, con cuádriceps que se mueven rápidamente y **glúteos perfectos**.

Estas personas por lo general tienen sus cabellos siempre en orden, apenas unas 3 gotas de sudor en sus rostros que no se evaporan, siempre las mismas tres gotas y no una de más (exagerando un poco, y hablando literalmente). Tienen una mirada orgullosos de si mismos, que se convierte en una mirada severa para fulminar a todos aquellos que se encuentran en sobrepeso, a aquellos que están cubiertos con mucha ropa para no hacer notar su **forma física**, a quienes corren muy lento, o los que sienten fatiga para recuperar el aliento.

Una pequeña sonrisa se asoma en sus rostros cuando se cruzan entre ellos mientras corren en el parque, sin embargo, este comportamiento cordial desaparece cuando advierten un runner similar que viene detrás de ellos y está a punto de pasarlos. Parece como si lo reconocieran por el ruido de sus pasos, y entonces aceleran lentamente, buscando evitar que los puedan sobrepasar.

Just Keep Running- Solo sigue corriendo

Las Mujeres Corren Mejor Que Los Hombres

Una investigación de Dinamarca ha revelado datos interesantes, estudiando varios resultados provenientes de 131 maratones. Es la investigación más importante realizada hasta ahora y su conclusión podría impresionar a muchos. Averigüemos a continuación por qué se dice que **las mujeres corren mejor que los hombres** según dicho estudio.

Con un **ritmo controlado y constante** tanto en la primera como en la última parte de una **maratón**, se ha llegado a la conclusión de que las mujeres son mejores en la carrera en un 18,61% con respecto a los hombres.

Dicho estudio demuestra además que los hombres y las mujeres se fatigan demasiado rápido y que los resultados de los maratones podrían mejorar en modo significativo simplemente si se parte más lentamente.

¿Cuál es el Objetivo de Dicho Estudio?
El objetivo ha sido analizar los **rendimientos deportivos** y resultados de los maratones, afrontando las posibles diferencias en ambos sexos en la carrera. Además de hacer conocer a los maratonistas, y el **potencial de mejoramiento** que se podría encontrar simplemente modificando la **cadencia running**.

Para los investigadores ha sido importante mostrar los resultados estadísticamente significativos. Esos datos se han basado en una enorme cantidad de resultados que tiene un nivel de confianza del 99% y más.

¿Cuáles Fueron Los Métodos y Programas Empleados?
Toda información obtenida de dicho análisis ha sido estandarizada para llevar a cabo un análisis estadístico. Cada **corredor** ha sido clasificado por sexo, edad, país, posición de clasificación, resultados intermedios, resultado final, y año del rendimiento. Los valores anómalos han sido excluidos del análisis.

Distribuciones y Cambios en el Running En Base al Sexo
De los runners que participaron en el estudio, el 64,68% viene representado por el sexo masculino, mientras que el 31,52% por el sexo femenino.

En los últimos 5 años, el aumento de las victorias femeninas ha sido más alto en un 54,29% con relación a los hombres. El crecimiento continuo de ese paso será sólo una cuestión de tiempo, antes de que sean más las mujeres que hombres que corren en una maratón.

Subdividiendo posteriormente los dos sexos según la edad, se nota de inmediato como, en particular en la franja de edad que supera los 50 años, las mujeres están aumentando mucho más con respecto a los hombres. Para los que están por encima de los 50, el incremento de las atletas es del 89,70% mientras que para los hombres es del 54,56%.

Diferencias en el Running Según el Género del Atleta

Los **corredores de elite** buscan lo más posible mantener una cadencia similar a aquella de la primera mitad de la maratón incluso durante la segunda parte. A nivel fisiológico es mejor **correr a un paso constante**, aunque existen muchos factores que podrían influir negativamente en el **ritmo del running**, tales como:

- El orgullo y la **motivación del atleta**.
- La testosterona.
- La capacidad o incapacidad de entender el propio nivel de forma física.
- La tendencia a arriesgarse.
- El **estado de ánimo**, entre otros factores.

En base a los resultados extraídos de dicho estudio se nota cómo los hombres sean menos eficientes en un 18,61% en mantener una cadencia constante en la primera y segunda parte de la maratón. Adicionalmente, para hacer que los resultados sean más precisos, se analizó el ritmo running de los atletas cada 5 y 10 Km, mostrando que los hombres van más lentos en un 16,96%-27,27% con respecto a las mujeres, según cómo se mida el entrenamiento.

Además, está demostrado que los primeros 5 Km son por lo general completados a un ritmo mucho más lento que los 10Km. Una posible explicación a este fenómeno puede ser la **fase inicial de la maratón**, que frena y ralentiza mucho a los corredores, un problema que se encuentra en muchas competencias.

En general, los hombres terminan en un tiempo medio de 04:21:36, mientras que las mujeres en un tiempo medio de 04:41:27, dando como resultado que los hombres sean más veloces en un 7% con respecto a las mujeres.

Por último, los hombres son más veloces cuando tienen alrededor de 38 años, mientras que las mujeres cuando tienen unos 24 años.

Just Keep Running- Solo sigue corriendo

Olvídate de los Prejuicios de las Mujeres en la Carrera

Algunos se preguntan si la relación "mujeres y running" es una cosa difícil, en muchísimos casos la respuesta es: *"sin embargo, sí"*. En efecto, la **carrera femenina** es a menudo objeto de prejuicios, muchos de los cuales, impactan negativamente el contacto de la mujer con el running, aunque sinceramente, muchas cosas han cambiado para mejor en los últimos quince años.

Aun así, es importante resaltar que muchas mujeres no logran interpretar correctamente el **movimiento atlético**, sobre todo por falta de conocimientos específicos. Algo que podría hacer el **runner masculino** es informar a su amiga, compañera, o esposa que desean iniciar a correr, puntualizando de inmediato las cosas más importantes.

La Carrera Femenina en 13 Puntos
1. **No te dejes influenciar por quien juzga tu estilo de carrera** o tus *tiempos running*. Tú debes correr por ti misma.
2. **No te dejes influenciar por quien te sugiere un entrenamiento más suave** porque justamente eres mujer. Sólo una **actividad física intensa** conlleva beneficios reales.
3. El **deporte es una actividad seria**: mientras corres, no deberías usar los auriculares para escuchar la música, y no te cubras más de lo debido (quizás con el propósito de buscar sudar más).
4. Cada uno de nosotros, hombre o mujer, tiene **puntos fuertes y débiles**. Un estudio acerca de las lesiones relacionadas con la carrera ha demostrado que las mujeres están mayormente expuestas, con respecto a los hombres, a fracturas del tobillo, fracturas por **estrés muscular** y problemas en las caderas, mientras que están menos sujetas a inflamaciones en el tendón de Aquiles, y lesiones en el cuádriceps. Cada mujer debería tener presente que la osteoporosis es una patología típicamente femenina.
5. Estadísticamente, las mujeres corren aproximadamente más lentas que los hombres en alrededor 20"/Km. La **atleta femenina** que desea competir agonísticamente en la categoría de aficionados encontrará probablemente una competencia muy escasa. Pues a menudo las participantes son muy pocas.
6. Actualmente se considera que un **ejercicio moderado** durante un embarazo normal sea absolutamente seguro para el bebe. La precaución más importante es: evitar sobrecalentarse (una temperatura corporal superior a los 38ºC puede provocar daños al bebé).
Para verificar el estado de la temperatura, al inicio del embarazo se recomienda medir la temperatura rectal inmediatamente luego de una carrera. Mientras se mantenga por

debajo de los 38ºC podrás mantener el mismo **nivel de esfuerzo** durante el embarazo. Si aumentas la intensidad o duración, debes verificar nuevamente la temperatura. Además, se debe evitar tomar baños calientes después del entrenamiento.
7. Las mujeres generalmente tienen los pies más suaves que los hombres, así que cuando compres las **zapatillas running**, lo mejor sería buscar un modelo específico para **las runners**. A pesar de todo, no siempre es así, y todo depende de cuánto lo permita la forma de tu pie; podrías incluso comprar **zapatillas deportivas para hombres**. En cada caso, lo mejor es elegir un calzado apto para el pie.
8. **Considérate una atleta**, y no hagas más de lo que un atleta profesional no realizaría jamás.
9. Si corres con hombres, elige **runners inteligentes**, no aquellos que sólo buscan superarte en la carrera para elevar su ego.
10. Los dos minerales a los cuales los runners deben prestar mayor atención son el calcio y el hierro (el hierro es particularmente importante durante el período de la menstruación).
11. No existe ninguna necesidad de saltar un entrenamiento o una competencia por causa de la menstruación. Si sufres de cólicos, a menudo **la carrera alivia el dolor**, gracias a la **liberación de las endorfinas** estimuladas por la **práctica deportiva**.

No Olvides Que...

Las runners que se entrenan intensamente, aquellas que han tenido un parto en los dos últimos años precedentes o, las que consumen menos de 2500 calorías al día, deberían realizarse un análisis de sangre más completo con respecto al simple nivel de hierro, monitoreando también la ferritina, la transferrina, y la capacidad total de absorber el hierro.

Just Keep Running- Solo sigue corriendo

¿Deporte a Alta o Baja Intensidad?

¿Cuál es la justa intensidad de la actividad física? En muchas revistas de running se hablan de los **beneficios de la actividad física**, descubriendo luego que se trata de **sesiones de entrenamiento** de baja intensidad en el gimnasio, media hora de paseos al día, o diez minutos de bicicleta estática.

Una persona sedentaria que decide **hacer deportes**, debe iniciar con calma, y es también cierto que su objetivo debe ser una **actividad física suficientemente intensa**. A continuación, hablamos con más detalles del **riesgo cardiovascular en el deporte a alta intensidad**.

Riesgo Cardiovascular

Un estudio de la **Universidad de Harvard** ha puesto en evidencia que la diferencia en el riesgo de mortalidad entre las personas que han desarrollado una actividad intensa y aquellas que no lo han hecho es análoga a la que existe entre las personas con un **peso corporal ideal** y aquellas con sobrepeso de al menos el 20%.

Otra investigación llevada a cabo en Alemania, en cuanto al riesgo cardiovascular, precisa que entre los hombres la actividad intensa ha mostrado tener un efecto positivo, reduciendo todos los **factores de riesgo**. Los **niveles de colesterol y triglicéridos**, la presión sanguínea, la frecuencia cardíaca, y el **peso corporal**, son todos parámetros influenciados positivamente por una **actividad intensa**.

En lo que se refiere a las mujeres, se ha evidenciado una disminución de la presión sanguínea, de la frecuencia cardíaca y del peso. Para ambos sexos, una **actividad física ligera** ha generado pocos beneficios y, en algunos casos, ninguno.

Por tanto, el mensaje que se quiere expresar es este:

- **Es inútil desarrollar una actividad deportiva ligera**, haciéndola ver como una actividad física.

Todos aquellos que apoyan lo contrario, por lo general se tratan de médicos sedentarios.

Expectativa de Vida

Una investigación llevada a cabo en la **Universidad Centro Médico de Rotterdam**, en los Países Bajos, ha analizado personas por encima de los 50 años y su expectativa de vida en relación al tipo de actividad física (ninguna, moderada, intensa). Los resultados son evidentes:

- Las personas por encima de los 50 años de edad evidencian un aumento de su expectativa de vida, en relación al tipo de actividad física que practican.

Se debe resaltar que, la **actividad moderada** brinda un aumento de la expectativa de vida netamente inferior con respecto a la actividad intensa.

Además, la actividad física sirva también para las personas que sufren problemas del corazón, de hecho, reportan mayores beneficios que un sujeto sano. De allí que, no sea cierto que quien tiene problemas cardiacos deba limitar la **actividad deportiva** (obviamente se debe evaluar caso por caso).

Envejecimiento

Si es importante vivir por más tiempo, quizás lo es aún más vivir la recta final de nuestra vida en un modo dinámico y lo más activos posibles.

Una actividad física a alta intensidad que sea continúa en el tiempo contrarresta el envejecimiento a nivel celular.

En Resumen
- Sirve a poco hacer actividad física a baja intensidad, como caminar por 30 minutos al día.
- De nada sirve vencer las olimpiadas y no hacer más deportes.
- Un entrenamiento intenso se entiende como aquel que se obtiene combinando las tres variables de una sesión de entrenamiento: **cantidad, calidad, y frecuencia**.
- Un entrenamiento medio-alto es aquel que consiste en un mínimo de 50 km a la semana (cantidad), al menos 3 entrenamientos a la semana (frecuencia), y por lo mínimo una prueba de calidad a la semana. *¿En qué se basan estos parámetros?* De muchas investigaciones que demuestran que, las variaciones inducidas en el organismo, son verdaderamente pequeñas y la persona se aleja poco de los valores de un sujeto sedentario.

Ahora está de tu parte elegir qué deporte preferirás practicar de ahora en adelante, si de alta o baja intensidad. **¡Mucha suerte!**

La Sudoración Óptima en la Carrera

Una **sudoración óptima** es importantísima para un **runner**, así como para cualquiera que practique regularmente una **actividad física a intensidad medio-alta**. Para iniciar, se debe precisar que los que corren cubiertos de **ropa térmica para running** en los meses más calientes con el **objetivo de adelgazar** va en contra de la fisiología del organismo, porque de todos modos el cuerpo recuperará los líquidos perdidos en poco tiempo.

Sin embargo, es difícil conocer el grado de sudoración óptima que se debe tener durante **la carrera**. De hecho, la sudoración influye directamente en el **rendimiento del atleta**.

En este artículo, no hablaremos del **problema de la deshidratación**, sensible sólo en la maratón, sino que examinaremos **cómo sudar en un modo óptimo durante una carrera** en la cual la persona no tiene problemas de recuperar las **reservas de agua** que se pierden al correr.

¿Cómo Debe Ser Vista la Sudoración?

En nuestro análisis, el agua no es un problema, todos sabemos lo importante que es **beber agua** antes, durante y luego de la carrera; por su parte, es la sudoración la que debe ser vista bajo los otros dos puntos de vista críticos:

- **Termo regulación.**
- **Calorías perdidas.**

Sudoración Óptima. Aspectos Teóricos

Si el trabajo físico es muy intenso, la producción de calor puede aumentar 25 veces más que lo básico con un gasto de 20 Kcal/min, capaz de alzar la temperatura en 1º cada 5 minutos. Obviamente eso no sucede porque con la evaporación del sudor en la piel nos enfriamos, quitándole al cuerpo alrededor de 18 Kcal/min.

Un dato importante es que la evaporación de 1L de agua de la piel conlleva un **gasto calórico** de 580 Kcal. En condiciones de trabajo no-máximo, tales como en las **pruebas de resistencia prolongadas**, los valores son intermedios, pero es fundamental que exista un cierto equilibrio entre el calor producido y el calor eliminado.

Asimismo, se debe considerar el proceso inverso para protegerse del frío: el escalofrío, que es capaz de aumentar el **calor metabólico** sólo unas 3-5 veces, aumentando el **consumo de oxígeno** en 1 L/min.

Just Keep Running- Solo sigue corriendo

Condición Inicial

La sudoración es seguramente un hecho individual (cada uno de nosotros tiene de 2 a 4 millones de células sudoríparas), pero puede ser manejado con un **buen estilo de vida** y con el **entrenamiento adecuado**.

La **abstención de los excesos de sal** (y del glutamato contenido en muchos alimentos de baja calidad), desde suplementos (creatina, bicarbonato de sodio, entre otros), fármacos (por ejemplo, los anti-inflamatorios) reduce la **retención de líquidos** y permite que nos presentemos en mejores condiciones cuando haga calor.

Además, **el sobre peso** es algo mortal, pero se debe ser consciente que no tiene sentido entrenarse en condiciones siempre óptimas (como quienes en verano cambian los horarios y se entrenan en la mañana al amanecer para escapar del calor), resultando que luego no estarán preparados cuando tengan que enfrentar una prueba en temperaturas desfavorables.

¿Cómo Cubrirse?

Es sabido que si caemos en el error de cubrirnos demasiado cuando salimos a correr nos encontramos con el fenómeno de una **sudoración excesiva**. Si el sudor no es disipado, entonces aumenta la temperatura con una evidente crisis del sistema cuando se superan ciertos niveles. Por ende, cuando el sudor es disipado se reestablece una temperatura eficiente, pero se pierden muchas calorías.

En cambio, cuando hace frío hace falta evitar cubrirse y llegar muy sudados. El hecho de no sentir el frío, si bien es algo agradable, ciertamente no está en línea con el rendimiento. Lo ideal es hacer el precalentamiento mientras estamos cubiertos, si sufrimos el frío durante esta fase conlleva a un gasto energético mayor por el problema del escalofrío, además de obviamente una menor eficacia del precalentamiento mismo.

La competencia o la carrera se debería hacer con una **vestimenta running** que haga que el runner esté ligeramente sudado al término de la prueba.

Lleva un Buen Estilo de Vida

El término "Buen Estilo de Vida" es una locución que está presente, a menudo, en los discursos de salud. Sin embargo, son muy pocos los que definen qué significa un buen estilo de vida, sino que lo hacen en términos generales y refiriéndose solamente al sentido común.

Un reciente estudio estadístico afirma que alrededor de dos tercios de la población europea están convencidos de seguir un buen estilo de vida, pero sólo una minoría de la población vive en realidad en un modo saludablemente válido.

En tal sentido, y cruzando los dedos, únicamente se puede llegar a la conclusión de que:

- Cada uno tira el agua hacia su propio molino y define "bueno" su estilo de vida, permitiéndose ciertas tentaciones, las cuales no todas pueden ser consideradas como "sanas".
- De esta manera, se tienen personas que fuman 7-8 cigarrillos al día, beben medio litro de vino en cada comida, no hacen **actividad física** sino sólo en ciertas épocas del año, tienen 5-6 Kg de sobre peso, y aun así dichas personas no los consideran factores negativos para su salud.

Es Posible Definir un "Buen Estilo de Vida"
Partiendo de los datos recolectados de la literatura científica, es posible obtener una definición de "*buen estilo de vida*" que sea muy precisa, y sobre todo útil en el demostrar cómo a menudo no tiene sentido engañarse y creer que sea propiamente "*el mejor de los modos posibles*" relativo a nuestra salud.

Antes de definirlo, veamos por qué es así de importante. Ya es evidente que la diferencia en años de vida entre quien tiene un pésimo estilo de vida (por ejemplo, los que fuman, beben, y aquellos que tienen sobre peso) y quien lleva un óptimo estilo puede ser incluso de 40-50 años medianamente.

El verdadero problema es la esperanza de vida en buena salud. Por su parte, quien lleva un estilo de vida decente, pero no óptimo puede vivir hasta los 80-84 años, pero pasa los últimos 10-15 años de su vida en condiciones no ciertamente óptimas para definir su existencia como "*bella*".

Muchas personas se quejan de sus propios achaques y acusan al hecho de "*estar envejeciendo*", en vez de acusar a las fallas en su estilo de vida pasado.

En otros términos, si deseas vivir mejor, presta atención a tu propio cuerpo.

Just Keep Running- Solo sigue corriendo

Los Factores de Riesgo

Analizando las investigaciones más importantes (como aquellas de *la Organización Mundial de la Salud*), se tiene que:

- Los varios factores de riesgo se complementan los unos a los otros.

Por ejemplo, consideremos una persona que corresponde a la siguiente descripción:

- Fuma 30 cigarrillos al día.
- Tiene una **presión arterial** elevada (por ejemplo 170/100).
- Bebe más allá del umbral de etanol (por ejemplo, el equivalente a 1 litro de vino al día).
- Tiene el colesterol malo alto y el colesterol bueno bajo (valores por ejemplo de 270-30).
- Tiene sobre peso (por ejemplo, de 15 kg).
- Es una persona sedentaria.

En base a la literatura científica, este tipo de persona que lleva dicho estilo de vida, ha perdido alrededor de 50 años de vida. Este dato puede parecer irreal, pero no lo es. En otras palabras, habría podido vivir hasta los 100 años. Tal conclusión está en línea con el hecho de que la vida media de la población occidental es de 80 años, viviendo la gran parte de su vida en un modo no aceptable desde un punto de vista saludable.

Lo que se debe hacer es **reducir los vicios de la vida** y experimentar los beneficios de quienes:

- No fuman.
- Tienen una presión "normal" (150-90, 150 debería ser considerada una presión, de todos modos, elevada).
- Bebe un vaso de vino en cada comida.

En comparación con aquellas personas que:

- Tienen un colesterol malo alto y el colesterol bueno bajo (270-30).
- Están en sobre peso (10kg).
- Son sedentarios.

Y verás como la primera persona (la que experimenta beneficios de su estilo de vida saludable) perdería alrededor de 25 años de vida si cae en el estilo de vida de aquellos que tienen sobre peso y son sedentarios.

Just Keep Running- Solo sigue corriendo

Lo Que Necesitas Saber de La Carrera y el Parto

La carrera y el parto es un tema que suscita un notable interés en muchas de las mujeres que practican running. Muchas consideraciones que mencionamos en este artículo, son de todos modos, aplicables a diversas disciplinas deportivas, y en particular modo aquellas en los cuales la carrera tiene un rol importante.

Las preguntas más frecuentes en lo que concierne a este tema se refieren al tiempo necesario para poder **retomar la actividad física**, así como para la **recuperación de la forma atlética** que se tenía antes del embarazo.

Las respuestas no son inmediatas, también porque las reacciones a las modificaciones inducidas por el embarazo y por el parto son totalmente individuales, es decir, es algo que varía de mujer a mujer.

Factores Limitantes al Retomar la Actividad Deportiva

Según la *Universidad Americana de Obstetricia y Ginecología*, muchos de los factores que limitan la **capacidad de las mujeres para correr** durante el embarazo persisten incluso por algunas semanas luego del parto.

Uno de estos factores es seguramente la llamada "**Anemia gravídica**", una condición muy común en las mujeres en estado que es particularmente interesante; es importante destacar que tanto la anemia y las complicaciones hematológicas más frecuentes pueden verificarse en el curso de un embarazo.

Se habla de **anemia gravídica** cuando el nivel de hemoglobina es inferior a los 10 g/dl; de todos modos, son tratadas como anémicas todas esas mujeres que al inicio del embarazo tienen valores de hemoglobina inferior a los 11, 5 g/dl.

En las mujeres con casos anémicos críticos, por lo general, se registran valores más que todo bajos de hematocritos (por ejemplo 34% en caso de embarazo simple o de hecho de 30% en caso de embarazo múltiple, incluso en presencia de depósitos de hierro, ácido fólico, y vitamina B12 que se encuentran en el rango de normalidad.

En la gran mayoría de los casos (95%), la responsabilidad de la anemia gravídica se debe a una carencia de hierro. A menudo, dicha condición se trata suministrando sulfato ferroso (325-650 mg). En otros casos, aunque menos frecuentes, la anemia gravídica está relacionada a la carencia de **vitamina B12**.

Es evidente que retomar la actividad física no es algo simple si están presentes **niveles de hemoglobina** particularmente bajos. El restablecimiento de los valores normales es un asunto del todo individual. Generalmente, se estima que se requieran entre uno a cuatro meses para retomar el deporte luego del parto.

El Problema del Sobrepeso

Otro problema está relacionado con el sobre peso. Muchas mujeres con un peso normal antes del embarazo, no logran recuperar el que tenían antes de quedar en cinta.

De hecho, no existe ninguna razón fisiológica por la cual el peso no debiera regresar a su valor original en el curso de un año. Y aunque el problema existe, es algo muy común.

Si eres de esas mujeres que han ganado algunos kilos en el embarazo, ten presente que antes de **iniciar a correr de nuevo** es fundamental regresar al peso original, al máximo 2 o 3 kilos de más. Para lograrlo, se puede realizar una **caminata prolongada** y verás que poco a poco el peso retorna a los valores normales, a su vez, se puede comenzar a incluir **intervalos de jogging lento**. También, se puede combinar medio hora de caminata y **carrera alternada**.

No puedes dejarte llevar por la frase que dice: "*los hijos hacen engordar*", pues varias campeonas de atlética ya han demostrado que luego del parto se puede regresar a la misma forma de antes.

Si en cambio, eres de esas mujeres que ya luego de unas pocas semanas después del parto regresas al peso forma, entonces es posible iniciar a correr suavemente, saltando la fase de la caminata.

Las Endorfinas y la Actividad Física

*Las endorfinas son sustancias químicas producidas por la glándula pituitaria y el hipotálamo y, en menor medida, por otros tejidos. Tales sustancias están dotadas de elevados **poderes analgésicos y estimulantes**. Las endorfinas son proteínas cuyas **propiedades biológicas** son muy similares a la de la morfina y los opiáceos. El término deriva de "endógeno" (es decir, lo que se genera internamente a una célula o a un organismo) y "morfina" (queriendo indicar una sustancia similar a la morfina producida en el interior del cuerpo).*

El mundo científico inició a interesarse en las endorfinas en los años 70, a lo que se descubrió que el **sistema nervioso central** estaba dotado de receptores específicos para sustancias similares a la morfina. La presencia de tales receptores hace que el organismo humano sea capaz de sintetizar tales sustancias que fueron identificadas, y basándose en sus características peculiares, fueron llamadas endorfinas.

La Carrera Produce un Efecto Similar a la Ingesta de Drogas
El running, de hecho, desencadena en el cuerpo la **producción de endorfinas** y lo mejor de todo es que sin efectos colaterales negativos. Por tanto, prepara tus **zapatillas deportivas** y ¡**listo para correr**!

Al parecer algunos runners lo hacen por pasión, mientras que otros por el efecto positivo que la carrera brinda al cerebro y a la psiquis. Ese sentido de calma y de bienestar que, incluso sólo veinte minutos de jogging puede regalarnos, es uno de los motivos que impulsan a que cada vez sean más personas que se amarran los cordones de sus tenis y se ponen a correr.

Los Deportes Que Liberan Más Endorfinas
Es algo científico, las personas que hacen deporte regularmente desarrollan niveles más elevados de beta-endorfinas en el cuerpo en comparación con quienes no la practican.

Existen cosas que le gustan mucho a nuestro cerebro. Una de ellas son las endorfinas, sustancias químicas producidas por el cerebro y dotadas de una **potente actividad analgésica y excitante**. La liberación de endorfinas se da en particulares circunstancias, entre las cuales un rol particular es desarrollado por la actividad física, pero también durante terapias analgésicas como la acupuntura, la electro-estimulación y el **masaje deportivo**.

Además, el aspecto más fascinante e interesante de las endorfinas se encuentra en su capacidad de **regular el humor**. Esto se debe a que, durante situaciones particularmente estresantes, nuestro organismo busca defenderse liberando endorfinas que, por un lado, ayudan a soportar mejor el dolor y, por el otro influyen positivamente en el **estado de ánimo**.

Hace deportes nos ayudará a estar mejor, no sólo desde el punto de vista físico sino también mental. Te mencionamos los deportes que liberan más endorfinas.

1. **La carrera**. Durante el running, la hipófisis libera endorfinas que nos ayudarán a relajarnos y volver a tener un buen humor.
2. **La caminata**. Para aquellos que no tienen ganas de correr, sobre todo si a la final de jornada se sienten cansados y con pocas fuerzas, la mejor opción es **realizar una caminata**, la cual también servirá para ayudarte a reflexionar.
3. **Bicicleta**. Una muy buena alternativa a la carrera y la caminata puede ser la bicicleta. Existen estudios que han verificado cuánto el ciclismo sea capaz de **combatir la depresión**.
4. **La natación**. Es uno de los deportes más completos gracias a su ritmo y los movimientos repetidos de piernas y brazos, no sólo tonifica los músculos, sino que hace bien al corazón. Aparte, libera una alta cantidad de endorfinas.
5. **Aeróbica**. La **gimnasia aeróbica** tiene una intensidad medio-alta, y, por tanto, la liberación de las endorfinas es notable, siendo una óptima manera para mejorar tu humor.
6. **Gimnasia acuática**. Los efectos de la gimnasia acuática se amplifican en el agua, visto que requiere de un mayor esfuerzo.
7. **Crossfit**. Las personas más entrenadas podrán afrontar también el crossfit, que une la gimnasia, con el **entrenamiento cardio** y el **levantamiento de pesas**. Su **carga de endorfinas** logra la **reducción del estrés**, y también del **hambre nervioso**.

Just Keep Running- Solo sigue corriendo

Carrera y Fertilidad Femenina

La carrera y la fertilidad femenina es un binomio sobre el cual muchos autores continúan a discutir. *¿Puede la carrera ser causa de una reducción de la fertilidad de la mujer? O ¿será lo contrario?* Es decir, *¿La actividad deportiva no es un factor que se pueda considerar relevante en términos de fertilidad femenina?*

Ya se considera que **la carrera** tiene una cierta influencia en la fertilidad femenina. Esto sucede sustancialmente por dos motivos: el primero relacionado con el hecho de que **rutinas de entrenamiento** muy intensas o pesadas reducen la duración de la fase luteína del ciclo menstrual, mientras que el segundo motivo está ligado al hecho que entrenamientos de una cierta intensidad reducen la ovulación.

Lo que ciertamente se nota es que todo el ciclo menstrual durará 21 o 22 días en lugar de 28, y el organismo no será capaz de prepararse adecuadamente para un embarazo, lo cual se traduce, en efecto, en una perdida de la fertilidad, aun cuando las menstruaciones estén presentes.

La Relevancia de la Carrera en la Fertilidad Femenina
Que la carrera tenga una determinada relevancia en la fertilidad femenina podría ser confirmado con un estudio desarrollado por B. B. Green en el año 1986, en el cual se evidencia que en las mujeres que se sobreponían a **entrenamientos intensos** por más de una hora al día se encontraban con problemas de fertilidad. De hecho, los ejercicios de duración inferior parecieran no tener alguna influencia en lo que se refiere a dicho aspecto.

En el caso de entrenamientos particularmente intensos, se podría notar la presencia de amenorrea o serias irregularidades en el ciclo menstrual, tales problemáticas dependerían de las **variaciones hormonales** con las cuales el organismo responde a la carga pesada de la actividad física.

Lo interesante sería preguntarse qué es lo que en realidad provoca estas variaciones hormonales. Según algunos investigadores la causa principal es un bajo **nivel de grasa corporal**, mientras que otros se refieren a una especie de "*equilibrio energético*" complejo del organismo. Basado en esto

Just Keep Running- Solo sigue corriendo

último, tal equilibrio refleja una serie de factores, en parte nutricionales, en parte físicos y psicológicos.

Por ejemplo, si nos alimentamos mal, si nos entrenamos más intensamente de lo usual, en el caso de que no se repose lo suficiente y que los propios **niveles de estrés** sean muy elevados, entonces el organismo entra en una "*modalidad de sobrevivencia*" con el objetivo de **ahorrar energía**.

¿Cuándo Se Verifica Este Problema y Cómo Se Podría Prevenir?

La carrera que se practica a media-alta intensidad puede causar irregularidades en la ovulación. Este hecho no debe ser absolutamente subestimado ya que cuando la ovulación no es regular, el porcentaje de minerales en los huesos se reduce, causando diversos problemas, el más grave de los cuales es **la osteoporosis**.

Por tanto, es razonable preguntarse acerca de cómo es posible prevenir el problema. En la gran mayoría de los casos se ha visto que las mujeres que se encuentren con dichos problemas son las siguientes:

a. **Atletas que llevan a cabo sesiones diarias**.
b. **Atletas que corren más allá de 100 Km a la semana**.
c. **Atletas que se entrenan todos los días**.

Los puntos "b" y "c" se refieren a menudo a atletas a nivel aficionado, puesto que las **atletas profesionales** están incluidas en el punto "a".

Por tanto, los consejos son los siguientes:

- Si eres atleta, es necesario un **control médico**, incluso por parte de una ginecóloga.
- En general, no es necesario correr por 100 Km a la semana para llegar al top de **la forma física** en distancias breves (hasta la media maratón). Así que, el consejo es reducir el kilometraje. Para aquellas que son maratonistas, se debe evaluar si la posible reducción de la fertilidad es percibida como un problema personal.
- Es importante incluir al menos un día de reposo a la semana, lo cual será beneficioso para el **rendimiento deportivo**.

Just Keep Running- Solo sigue corriendo

La Alimentación de las Runners

La **alimentación de las runners** del sexo femenino tiene características diversas en comparación con los **corredores del sexo masculino**. Algunas investigaciones han descubierto que las mujeres tienen más dificultad para **almacenar glucógeno**. De hecho, un grupo de estudiosos del *Centro Médico McMaster de Hamilton*, en Canadá, han descubierto que la **carga de glucógeno**, como es actualmente concebida, parece no funcionar para las mujeres.

Alimentación de la Runner. Experimento de Tarnopolsky
Mark Tarnopolsky, un profesor de medicina y un **corredor apasionado**, ha estudiado ocho mujeres y siete hombres para dos **sesiones de entrenamiento** de cuatro días en las cuales ha reducido la **duración y la intensidad** de la actividad. En la primera sesión, cada **runner** ha llevado a cabo una **dieta normal**, derivando el 60% de las calorías de los carbohidratos. En la segunda sesión, cada runner ha consumido el mismo **número de calorías**, obteniendo el 75% de **la energía de los carbohidratos**.

Además, en el cuarto día de cada sesión se entrenaron al 75% del **máximo consumo de oxígeno** por una hora, hasta el consumo completo al 85% del **VO2 máximo**.

Según Tarnoplosky, se realizaron biopsias de los músculos antes y luego de cada entrenamiento de una hora, habiéndose revelado que los hombres habían aumentado los **niveles de glucógeno** en los músculos, en alrededor de un 45%, seguido por una **dieta rica de carbohidratos**; mientras que en las mujeres no había ninguna variación significativa.

En otras palabras, esta dieta ha permitido a **los runners** incrementar sus propios rendimientos, algo que no había sucedido con las runners. Por tanto, surge la siguiente pregunta: *¿por qué esta estrategia no ha funcionado para las mujeres?*

Según Tarnopolsky, las mujeres necesitan al menos 8 gramos de carbohidratos por Kg de masa magra en los cuatro días precedentes a un **esfuerzo agonístico**. Por ello, sugiere incrementar el

consumo de alimentos ricos en carbohidratos en esta fase. Según él, dicho aumento ponderal proviene sólo por el incremento de agua asociada al glucógeno, y por eso desaparece luego de la competencia.

La Opinión Acerca de Dicho Experimento

Las deducciones de Tarnopolski parecen decididamente apresuradas. No es posible obtener algo definitivo analizando 15 runners. De hecho, las características individuales hacen que la respuesta a la alimentación sea muy variable de sujeto a sujeto. En particular, la respuesta se hace a menudo incomprensible cuando se obliga al individuo a seguir un **régimen alimenticio** al cual no está acostumbrado.

Aun cuando los datos de Tarnopolski fuesen generalizados, es del todo arbitrario establecer que consumiendo más carbohidratos para las mujeres la situación podría mejorar: de hecho, es el experimento mismo que demuestra que la **capacidad de almacenar glucógeno** en las mujeres es prácticamente "*nula*" luego de un cierto límite.

En cambio, la prueba es importante porque demuestra una vez más que la vieja teoría de la recarga de glucógeno para muchos individuos (por lo menos para las mujeres del experimento) es muy superficial y optimista.

El Consumo Calórico. Diferencias Entre Hombres y Mujeres

Un hombre y una mujer sedentarios no necesitan de un consumo calórico muy diverso: digamos que, si un hombre que no debe adelgazar debe asumir más o menos 2000 calorías cada día, entonces para una mujer serían alrededor de 1700-1800 calorías.

Un hombre que, en cambio, hace regularmente actividad física, debería asumir al menos 2600-2800 calorías en comparación con las 2400-2500 de una mujer que practica deportes. Considerando también que para adelgazar es necesario reducir alrededor de unas 500-600 calorías al día. No basta sólo con resolver el problema de las calorías, sino también el relacionado con la calidad y las fuentes de tales calorías.

Los hombres tienden a **consumir más proteínas** y más grasas que las mujeres, a menudo excediéndose, con consecuencias negativas no sólo en el peso, sino también en la salud en general, y en particular en el corazón. Sin embargo, eliminar estos importantes **macronutrientes de la dieta** puede tener igualmente efectos nocivos. Ciertamente, es verdad el dicho que "*somos lo que comemos*".

Just Keep Running- Solo sigue corriendo

Come un Poco de Todo

Muchas personas a punto de **ponerse a dieta** para **perder algunos kilos de más**, se preparan psicológicamente para **sufrir de hambre**. Y no hay nada más equivocado que eso. Las renuncias, los sacrificios, la **reducción drástica de las calorías** por el tiempo necesario para eliminar gradualmente esa **grasa acumulada** que se posiciona en el abdomen, los muslos y los glúteos. *¿Estás seguro que sea esa la práctica a seguir para deshacernos de esos kilos de más?* Ciertamente no lo es. El error está en el hecho que no reflexionamos lo suficiente en el **concepto de nutrición**.

¿Te has preguntado alguna vez por qué comemos? La respuesta a dicha pregunta sería: "*Naturalmente para vivir*", es decir para **mantenernos saludables** y obtener la energía necesaria para desarrollar todas nuestras acciones cotidianas, tanto físicas como mentales.

Incluso cuando nos sentamos en la mesa, delante de un plato delicioso, o cuando hurgamos en la nevera en búsqueda de algo dulce, o hasta cuando vamos a hacer las compras, difícilmente nos concentramos en la utilidad de las comidas que compramos ni en la base de la necesidad real de consumirlos. Por lo general, nos sentimos motivados para comprar algún producto que hemos visto en la publicidad, por conveniencia económica, o por la confección del mismo (si es más o menos cautivante).

La Educación Alimenticia
La educación alimenticia, por desgracia no es una materia de estudio por si misma, a pesar de que seamos "literalmente" inundados de programas de TV y shows de talentos acerca de cocineros y la cocina, en realidad, acerca de la nutrición sabemos muy poco.

Hacer dieta se convierte, por tanto, en un modo para encontrar la línea y para volver a entrar en ese modelo estético que la televisión impone, y no una elección para la vida, con la finalidad de **encontrar la salud y el bienestar**, y depurarnos de las toxinas y de los líquidos en excesos.

Una **dieta hipocalórica** es útil **para adelgazar**, obviamente en el caso de que la necesitemos, pero es más importante seguir una **dieta sana**, que nos aporte todos los principios nutritivos que necesitamos, que estimule nuestro **sistema inmunitario** ayudándonos a defendernos de las enfermedades, que nos haga sentir **llenos de energía**, que haga surgir nuestra **belleza natural**.

Nos referimos a una dieta que no sea mortificante, sino lo contrario: gustosa y satisfactoria, sin ser dañina.

¿Cómo Seguir Una Dieta Gustosa y Satisfactoria?

No es difícil, sólo hace falta que estemos dispuestos mentalmente para no dividir nuestra vida entre períodos en los cuales estamos a dieta, y por tanto *"sufrimos"* y otros en los que nos dejamos llevar y nos llenamos de *"comida chatarra"*.

Se trata de seguir un **régimen de alimentación** que se pueda llevar con regularidad, que nos ayude a no engordar y a sentirnos en perfecta forma.

Un Poco de Todo

Sea que debamos adelgazar o que, en cambio, tengamos que deshacernos de algunos kilos, lo recomendable es siempre **evitar cualquier exageración en el campo alimenticio**.

Nutrirnos por largos períodos sólo de un cierto tipo de comida es malsano y se corre el riesgo de favorecer el surgimiento de **intolerancias alimentarias**. Por tanto, con moderación, se puede comer de todo, cada día.

Una buena regla es repartir los diversos nutrientes de este modo:

- 50-55% de carbohidratos, que se puede asumir a través de cereales, panes, arroz, y pasta; mejor aún si son integrales, patatas, frutas.
- 30% de grasas. En lo posible que sean poli-insaturadas, tales como el aceite de oliva extra virgen o las grasas "buenas" de la fruta seca.
- 10-15% de proteínas. Provenientes de la carne, el pescado, la soya y sus derivados, los productos lácteos, los huevos, las legumbres.

¿Qué Comer Cada Día?

Muchos especialistas en **dietas alimenticias** hablan de seguir la **pirámide alimentaria**, que está basada en la **dieta mediterránea**, que sin duda alguna es el **régimen nutricional** más saludable que exista. En la base de la misma se encuentran los alimentos que debemos consumir cada día, mientras que a medida que ascendemos la pirámide y la base se restringe, encontramos esos alimentos que deberíamos consumir con más moderación, hasta el tope donde se indica aquello que es adecuado comer de vez en cuando.

Si te preguntas **qué comer cada día**, si nos basamos en la pirámide alimenticia, te presentamos los alimentos que podemos y debemos comer regularmente:

- **Pan, pasta y cereales**, mejor si son integrales.
- **Fruta y verdura**. 5 porciones al día.
- **Leches y derivados**. En especial yogurt, rico en fermentos lácteos que mantienen un intestino saludable.
- **Fruta seca**. Unos 30 gramos al día.
- **Aceite extra virgen de oliva**, mejor si es crudo, ya que protege al corazón y al cerebro.
- **Hierbas aromáticas y especies** para condimentar (pimiento rojo, jengibre, orégano, vinagre, entre otros).

¿Qué Comer de 2 a 3 Veces a la Semana?
Seguidamente te brindamos algunos **consejos sobre alimentos que no pueden faltar en la dieta**, pero que no deben ser consumidos todos los días:

- **Pescado** (azul, blanco, nórdico como el salmón, de rio, o de lago como la trucha). De vez en cuando, también crustáceos, y moluscos, entre los cuales los frutos del mar.

- **Carne blanca.** Pollo, conejo, pavo.
- **Huevos.**
- **Legumbres.**

¿Qué Alimentos Consumir Máximo Una Vez a la Semana?

Los alimentos que tendemos a consumir muy a menudo y que, en cambio deberían ser limitados no sólo para evitar engordar, sino sobre todo para **permanecer saludables**, son:

- **Carne roja si es en exceso.** Ten presente que, los riñones y el hígado además favorecen el **aumento del colesterol.**
- Salames en general. Aquellos ricos en nitratos, grasas y sales.
- **Dulces.**

Modula Tu Dieta

Si se modula la dieta según estos principios encontraremos la línea que deseamos sin tener que renunciar al **placer de comer**, gozándonos los alimentos sin que se conviertan en una amenaza para la salud y sin el riesgo de hacer que fallen nuestros buenos **propósitos para adelgazar**.

En general, bien sea que estemos siguiendo un **régimen adelgazante**, o que ya hemos perdido kilos de más y deseamos hacer durar a largo plazos los resultados que hemos obtenido, un último y buen consejo es el siguiente:

- **Consumir suplementos para mejorar el metabolismo** y la digestión o para **favorecer la depuración**. Ya que estos pueden ser de gran ayuda para alcanzar y mantener más fácilmente los objetivos de la forma física que deseamos y de bienestar prefijados o ya obtenidos.

El Secreto Para Adelgazar

El secreto para adelgazar es sencillo, se trata de **comer cinco veces al** día, puesto que esto favorece un **metabolismo alto** y se llega menos hambrientos a la comida sucesiva. Está implícito el hecho de que las cinco comidas deben ser contemporáneamente medidas y sanas, y hace falta **prestar atención a las calorías y grasas**. De lo contrario, se obtiene el efecto contrario, que sabemos muchos quieren evitar: "*aumentar de peso*".

Olvídate de las dietas drásticas y las interminables y extenuantes **sesiones de entrenamiento** en el gimnasio para buscar alcanzar una **forma física perfecta** en pocos días. Para tener un cuerpo magro, tonificado y duro es necesario **ejercitarse con constancia y determinación**, no sólo en las proximidades del verano sino también (y, sobre todo) en los meses invernales.

Algunos consejos que compartimos contigo son los siguientes:

1. **Hacer deportes.**
2. **Moverse también durante la jornada.**
3. **No saltar las comidas**, respetar los horarios para comer.
4. **Controlar lo que comes.**
5. **Controlar cuánto comes.**
6. **Limitar los condimentos.**
7. **Limitar los azucares extras.**

8. **Consumir frutas y verduras.**
9. **Beber abundante agua.**
10. **Divertirse mientras haces deportes.**

Estar en Forma Todo el Año

La **dieta mediterránea** es la dieta optima, incluye verduras, pescado, y frutas siempre en el primer lugar para mantener el anhelado peso-forma, pero no hace falta renunciar a la pasta y al pan. No se trata de ayunar ni mucho menos pasar hambre, sino de siempre **realizar actividad física.** En esta edición compartimos contigo los secretos para no aumentar de peso y estar en forma todo el año.

La verdad es que, si tu sistema alimenticio de base deja mucho que desear, obtendrás siempre resultados pobres. De allí el por qué muchas de las personas que practican deportes, siguen sin obtener resultados, incluso si tienes una **dieta fantástica personalizada** para ti, no tendrá efecto si no tienes un sistema adaptado.

Seguidamente, compartimos contigo los 5 consejos para permanecer en forma durante todo el año:

1. El Sueño Es el Rey

El sueño es el más importante de los puntos que tienen que ver con este tema, porque es el **sistema de regeneración y recuperación** más eficaz que tenemos, pero es también el más subestimado.

No dar prioridad al sueño es probablemente el más grande error que se puede cometer. Muchas personas, especialmente los profesionales de la carrera trabajan desde las 4pm hasta las 8pm al día y continúan entrenándose a un alto ritmo. Para estas personas, sería oportuno tener la costumbre de fijar la alarma para recordarse de ir a dormir, de este modo se recuperan tanto desde el punto de vista físico como, y quizás el más importante, desde el punto de vista moral.

2. Aplica La Regla 5x5

En realidad, somos la media de nuestras cinco costumbres más comunes, los cinco alimentos más consumidos, y los cinco pensamientos más regulares, entre otros. Reflexiona honestamente sobre cuáles sean tus 5 puntos más comunes y determina el modo en el cual puedes aumentar esa tendencia de una manera positiva. Por ejemplo, **aumenta la calidad de la carne** que consumes.

3. Sé Agradecido

No sólo la ansiedad y la depresión te llevan a elegir y **consumir los alimentos equivocados**, sino que te mantienen en un **estado mental negativo** que condiciona todos los aspectos de tu vida.

Si te sientes ansioso, *¿qué elegirías para comer?* ¿Galletas de chocolate o las galletas de arroz?

Recuerda que, una **mente serena** hace elecciones mejores, y honestamente podemos elegir cómo sentirnos. Toma lápiz y papel y anota las cosas por las cuáles estás agradecido, es uno de los medios más potentes y eficaces.

Cuando somos agradecidos, nuestro estado mental es positivo, lo cual reduce la **hormona del estrés**, conocida como "*cortisol*", reduciendo por tanto la **acumulación de grasa**, y favoreciendo la producción de más hormonas para el **aumento de la masa muscular**, de tal manera que serás más activo. Además, ayuda a mejorar la **sensibilidad insulínica**, y a tener un cuerpo que usa mejor la insulina y es más tolerante en el caso de que un día te atiborres de "carbohidratos".

4. No Comer Solo

Alguno de ustedes, en este momento mientras leen este artículo estará consumiendo su alimento sin pensar demasiado al respecto.

Tanto como sea posible busca comer con parientes y amigos porque (aunque parezca absurdo, pero la ciencia lo confirma) **ayuda a digerir mejor** y, además, ayuda a construir relaciones. Obviamente no es una excusa para llenarse de comida con los amigos y parientes comiendo "*chatarra*", sino que debe ser considerado como una estrategia para mantenerte en un estado mental más alegre y sereno.

5. Fija Citas Contigo Mismo

Ser consistentes y constantes tiene sus beneficios. Si eres de esas personas que viajas a menudo, no puede ser una excusa para saltar tus entrenamientos, porque siempre habrá un lugar donde ir a correr, o un gimnasio donde entrenar.

Como ves permanecer en forma durante todo el año no es algo difícil si aplicas algunos de estos conceptos que hemos compartido contigo, y que son decididamente muchos más naturales que simples ciclos de proteínas/carbohidratos o restricciones/aumentos calóricos excéntricos.

Just Keep Running- Solo sigue corriendo

Mujeres y Molestias en la Carrera

Es un hecho que existen menos mujeres, con respecto a los hombres, que hacen deporte regularmente. No es de sorprender que muchas mujeres soportan guiños maliciosos, comentarios obscenos y ataques que incluso podrían ser peligrosos.

Cuando las mujeres salen a correr al parque, los comentarios obscenos y maleducados y los guiños maliciosos por parte de los hombres desconocidos que pasan a alta velocidad en sus vehículos son exactamente el tipo de *"motivación"* que las mujeres temen recibir.

Partiendo del hecho que a ninguno de nosotros nos gustan las molestias, ni siquiera en los mejores momentos de nuestra jornada, con mayor razón es aún más desagradable cuando sentimos fatiga y estamos haciendo ejercicio, sudando en una carrera en subida o en un parque desierto. Y es justamente en estos momentos cuando muchísimas mujeres son víctimas.

Son muchas las chicas que van a correr 3-4 veces a la semana y cada vez alguno toca la corneta de su vehículo, les silba en un modo sensual o reciben comentarios provocantes.

El Precio Que Pagan Algunas Por Haber Elegido Hacer Deportes al Aire Libre
Es oportuno especificar que la mujer que sale a **correr al aire libre** no está exenta de recibir comentarios desagradables cada vez que sale a correr, y el clima de la carrera puede llegar a ser incómodo. Para aquellas personas que nunca han sufrido molestias sexuales, esto podría resultar en algún modo impresionante, pero para muchas mujeres es simplemente el precio que deben pagar por haber elegido **salir a correr**.

A este punto, son muchas las mujeres que han compartido en Internet experiencias similares, re twitteandolas en su cuenta, que van desde comentarios relativos a la **forma física de las mujeres**, por ejemplo acerca de la **pérdida de peso**, hasta comentarios sexuales y agresiones verbales:

- Las mujeres se encuentran constantemente afrontando atenciones indeseadas. Y si pensabas que el problema estaba sólo concentrado en este punto, en muchos casos la escala de agresión es aún peor.

Este problema ha adquirido dimensiones así relevantes que muchas mujeres han debido actuar con soluciones drásticas, tales como: **evitar ciertos caminos**, **escuchar música** a alto volumen con los audífonos para evitar sentir los comentarios desagradables y poco galantes. Muchas han dicho tener que haber renunciado completamente al deporte para evitar situaciones incomodas.

Según un reporte del *Sport England*, dos millones de hombres con relación a las mujeres practican **actividad deportiva** regularmente. Al mismo tiempo que sólo el 31% de las mujeres hace deporte a los 14 años, en comparación con el 50% de los chicos de la misma edad.

La Buena Noticia Es...
La buena noticia es que muchas mujeres han reportado experiencias positivas luego de haber denunciado a las autoridades los hechos arriba mencionados. Desafortunadamente, no todas las mujeres tienen el coraje de ir a la policía. Sería de mucha ayuda tener el apoyo de los transeúntes que pasan en el momento para poder afrontar dichas molestias, visto que el agresor se siente por lo general en una posición más fuerte con respecto a la víctima.

Es ridículo pensar que, en el 2017, las mujeres tengan miedo, se sientan en peligro y amenazadas por el simple hecho de hacer deportes al aire libre. Y para los que piensan que molestar a una mujer que ha salido afuera a correr sea un enfoque muy romántico, caballeros recuerden que la mujer es un ser delicado, que ni con el pétalo de una rosa debe ser tocada, merece respeto como todo ser humano.

Así que la próxima vez que veas a una mujer en la calle que está corriendo, recuerda que ella puede ser "tu hermana", "tu mama", "tu hija", esa a la que le estás diciendo comentarios obscenos. **Construyamos una sociedad más respetuosa**.

Just Keep Running- Solo sigue corriendo

La Carrera Beneficia Más a las Mujeres En Cuanto a Su Piel

En muchos países del mundo las **mujeres que practican la carrera** están en constante aumento, decididamente más que los hombres. Adicionalmente, la conformación física-fisiológica de las damas está particularmente adaptada a las **carreras largas**. En esta edición, descubramos por qué la carrera beneficia más a las chicas que a los **hombres** en cuanto a su piel.

Haciendo referencia a las usuales **pruebas de carrera del programa olímpico**, podríamos notar que la especialidad en la cual los primeros **mundiales de running** de las mujeres que se parecen cada vez más a la de los hombres en términos de velocidad media, son la carrera más corta (100 metros) y la más larga (**la maratón**).

Si en cambio, nos basamos en el parámetro de la potencia media, es justamente en la maratón que la diferencia entre el récord femenino y masculino se reduce al mínimo. Esto sucede porque las mujeres son superiores a los hombres en cuanto a **potencia lipídica**, vale decir desde el punto de vista de la **cantidad de grasa utilizada** cada minuto por los músculos, una característica muy importante en la maratón, pero no en las distancias más cortas.

Los Beneficios de la Carrera Para la Piel
Correr hace bien a la piel, a condición de que no se superen las 3-4 horas a la semana, que te protejas siempre del sol, y te hidrates con algún producto especial. En caso contrario, los efectos beneficiosos se verán frustrados, porque te encontrarás, en cambio, con una piel envejecida de manera prematura.

Si amas la carrera al aire libre, controla, por tanto, que la crema hidratante a su vez te proteja de los rayos UVA, así como de los rayos UVB. Lleva contigo siempre una botella de agua, en la que quizás hayas colocado algunas sales minerales, y luego de la ducha, bríndate el placer de colocar en tu piel una generosa dosis de crema hidratante.

Correr Rejuvenece la Piel

Para los amantes de la carrera les traemos buenas noticias, según las últimas investigaciones quien corre habitualmente obtiene un efecto lifting que rejuvenece la piel hasta 20 años. Esto lo confirman los investigadores de la *McMaster University* de Ontario, Canadá, quienes desarrollaron un estudio llevado a cabo en 29 voluntarios, divididos en "corredores" y "sedentarios".

Si bien, luego de tres meses de entrenamientos, las biopsias cutáneas de los deportivas mostraban una piel más sana, más protegida y más joven, incluso de unos 20 años con respecto a quien no había participado en sesiones running.

El Tiempo Adecuado

¿Cuánto hace falta correr para notar que la piel está rejuveneciéndose? La respuesta llega directamente desde un estudio canadiense: máximo 3 horas a la semana es el tiempo necesario para obtener el efecto anti-edad. Pasado este periodo de tiempo, se corre el riesgo de envejecer precozmente, sobre todo si no nos protegemos del sol.

El Verdadero Motivo

El verdadero motivo por el cual la piel de los runners y maratonistas se ve como "arruinada" es porque está más expuesta al sol, cuyo "poder para envejecer" no pierde eficacia ni siquiera en las primeras horas del día o en las últimas.

Recuerda que, los rayos USA son aquellos que llegan más en profundidad de la dermis, y que, a largo periodo, dañarán las fibras de elastina y colágeno, responsables de la elasticidad cutánea. De allí que, si se corre a menudo al aire libre, sin una adecuada protección sola, la piel sentirá los efectos negativos, y perderá volumen.

Si, en cambio, al finalizar la sesión de entrenamiento, nos hidratamos con alguna crema hidratante, el daño es menos, lo importante es evitar que la piel pierda líquidos. De cualquier manera, los beneficios de la actividad física son enormes.

Correr con Pasión y Metodología

El **running** es económico, permite que perdamos peso y enciende el entusiasmo. Sin embargo, no es para todos, al menos al inicio. Adicionalmente, la carrera además de ser un **deporte**, es una pasión. Veamos cómo iniciar a apasionarse para obtener los **beneficios psicológicos** además de físicos.

Convertirse en una runner es una elección de la cual podemos obtener incontables beneficios, pero debes tener presente que la carrera requiere tantos sacrificios, es una **auténtica pasión** que cambia para siempre la vida de quien se convierte en un runner. Es una **actividad física** la cual beneficiará al cuerpo, pero sobre todo a la mente.

Correr es un Nuevo Estilo de Vida
Correr se convierte con el pasar del tiempo en un nuevo estilo de vida, en cuanto a los cambios que suceden antes en el físico y, luego interiormente (en la autoestima), haciendo que nos acerquemos a la vida en el mejor modo posible.

La Pasión Por la Carrera
La carrera ofrece la oportunidad de cambiar el estilo de vida, pero **requiere pasión y sacrificio**, tales como levantarse a las 5 de la mañana para una sesión antes de ir al trabajo, luego de haber terminado una jornada de estudio o de haber completado todos los quehaceres domésticos. Quien inicia a correr, a cualquier edad, difícilmente volverá a los viejos hábitos.

Los motivos son múltiples, y uno de ellos es que iniciamos a sentirnos mejor, no sólo físicamente, sino también desde el punto de vista mental. La carrera permite, de hecho, **eliminar todas las toxinas** que se acumulan durante la jornada.

De hecho, después de correr cualquier problema se convierte en algo que crea menos preocupación en la mente y que es más fácil de resolver, se tendrá una completa sensación de reflexionar con más cognición de causa, y de razonar mejor. Todo esto es debido a las famosas **endorfinas**, que luego de una decena de minutos de movimientos, no importa si más o menos intensos, permiten alcanzar un **sentido general de calma y bienestar**, afrontando el resto de la jornada con mayor serenidad.

La Carrera. Sacrificios y Satisfacción

Levantarse temprano en la mañana, organizar los espacios de tiempo libre en el trabajo o estudio, correr en la noche con el frío intenso o de día con el calor sofocante. Son todos esos sacrificios que valdrán ampliamente la pena para alcanzar un **alto nivel de satisfacción**, gracias a lo cual será posible mirar la vida desde un punto de vista completamente diferente.

A veces los primeros kilómetros serán los más difíciles, puede suceder que nos sintamos arrepentidos de habernos puestos las **zapatillas running** cuando iniciemos a sentir la fatiga, pero una vez superada esa delicada fase inicial, todo parecerá más fácil, el esfuerzo parecerá manejable y las **sensaciones positivas** invadirán el cuerpo y la **mente del runner**.

La Carrera Permite Aprender a Superar Los Problemas

La carrera te permite que aprendas a superar los problemas que encontramos en la vida cotidianamente, **eliminando la ansiedad y el estrés**. Esto es una ventaja grandísima de quien ha elegido convertirse en un runner. Observar el mundo exterior con la adecuada calma, razonar en el mejor modo posible y encontrar así una solución más fácil.

Recuerda que, correr requiere sacrificios y tanta pasión, pero las **sensaciones positivas** que consigues con el running valen verdaderamente cada gota de sudor, ¡**prueba para creer**! **Correr con una pasión entusiasta** es poner todo de nosotros en el **esfuerzo running**, es vivir plenamente la **situación deportiva** del momento, es ver y respirar completamente eso que te sucede, es entrar en sintonía con la circunstancia que estás viviendo al punto tal de perder la cognición del tiempo y concentrarte en el running.

Just Keep Running- Solo sigue corriendo

Running. ¿Hasta Dónde Puedo Llegar?

Esta pregunta invade la mente de muchos **corredores aficionados** que se han acercado al **running con pasión y continuidad**. Seguramente se trata de una pregunta válida, pero no debe transformarse en el único motivo que nos **impulsa a correr**. Sin embargo, quién inicia a correr con aparente humildad a menudo se muestra intolerante cuando se da cuenta que las mejoras ya son muy reducidas, y que no se convertirá jamás en un **campeón mundial del running**, por lo que tiende a abandonar, pensando que su amor por la carrera sea algo superficial.

En este artículo daremos una revisión a los principales parámetros que influyen en el **mejoramiento atlético**, es decir, en el **entrenamiento** (tanto en lo que se refiere a la cantidad como a la calidad), la **vida atlética**, el peso, las lesiones, y la edad. Serán tomados en consideración también otros factores que, aunque ciertamente son menos influyentes que los citados previamente, igual se deben considerar.

La Cantidad de Entrenamiento

Es obvio que una cosa es entrenarse 3 veces a la semana, y otro es entrenarse 6 días de la semana. Resaltando que con sólo dos días de entrenamiento no se tienen datos estables (en el sentido que algunos sujetos logran mantener un estado de forma decente mientras que otros absolutamente no), y que entrenarse más de seis días a la semana no implica mejorar el rendimiento.

Just Keep Running- Solo sigue corriendo

En otros términos, muchos runners mejoran simplemente porque se entrenan de más, pero hace falta leer bien los datos. Sobre todo, desmintiendo el sueño de quien cree que, entrenándose, se puede llegar a cualquier resultado, hace falta algo más que eso.

Ten en cuenta que la población está subdividida en grandes clases genéticamente predispuestas a la **carrera de resistencia**, es como por ejemplo decir que cada uno de nosotros tiene escrito en sus genes un intervalo de tiempo, por ejemplo:

- 2 horas y 10 minutos – 2 horas y 20 minutos.
- 3 horas y 10 minutos – 3 horas y 30 minutos, para la **maratón**.

Con el **entrenamiento** podríamos tender al límite inferior de este intervalo, pero no "*pasar de nivel*". Lo que produce el entrenamiento es que nos impulsa a alcanzar lo mejor (lo máximo) para lo cual estamos "preparados" genéticamente.

Para conocer aproximativamente el límite inferior de la clase de pertenencia basta partir del propio valor actual y buscar optimizarlo teóricamente en base a los parámetros de cada individuo.

La Calidad del Entrenamiento

Si se separan las mejoras obtenidas de la vida atlética, por el peso y la cantidad, se verá que los **entrenadores** no podrán saltar de alegría. Supongamos, de hecho, que un entrenador decida entrenar un runner que corre desde hace seis meses tres veces a la semana (175 cm y 75 kg) y que ha decidido dedicarse "*seriamente al running*", entonces se entrena seis veces a la semana, y como primera prueba efectúa un test sobre los 10 Km, obteniendo un tiempo de 48 minutos.

Luego de un año con un nuevo entrenador, el atleta corre la misma distancia, pero en un menor tiempo (41 minutos), de allí que se sienta agradecido con el entrenador. Pero a un análisis más profundo, descubrimos que los 5 minutos/Km los ha conseguido porque ha pasado un año, porque ha adelgazado 10 Kg, y porque se entrena seis veces a la semana.

Este ejemplo debería hacer reflexionar a todos aquellos runners que están en la eterna búsqueda del mejor entrenador o del mejor **programa de entrenamiento**. Ten presente que, cuando se supera un cierto **nivel de profesionalidad**, cambiar de rutina o de entrenador puede hacer que mejores, pero los profesionales enseñan que tal mejoramiento es mínimo.

Obviamente que tal situación puede llevar a un runner a vencer las olimpiadas y, por tanto, el cambio de entrenador es más que justificado, pero en el caso de un **runner aficionado** el progreso permanece sólo como una ilusión y, como ya lo hemos mencionado, es debido a otras causas.

Just Keep Running- Solo sigue corriendo

No Todos Aman los Maratones

En lo referido a los que aman los maratones, existen muchos runners, pero así también existen los que la odian, es la regla, tal como cualquier otra cosa en la vida. Cada vez que un runner participa en una maratón o media-maratón, luego de unos minutos se oyen comentarios de aquellas personas que han participado acerca de cuánto les gusto la **competencia running**, de lo bello u de lo horrible que estuvo el tiempo, de cómo estuvo la organización de la carrera, del hecho que no lograba culminar la carrera y lo han debido ayudar, entre tantos otros comentarios.

Si lo piensas bien, la **carrera es como una metáfora de la vida**, una de las más precisas y eficaces. Es como en la vida, hay gente que sólo sabe odiar, incluso en los maratones, como otros que, en cambio, se mantienen firmes y positivos y aman lo que están haciendo.

A todos estos comentarios no puede faltar, por desgracia, el del **runner** que se recuerda cuando estaba corriendo por la calle y al pasar un semáforo le han gritado comentarios inapropiados de un conductor que impaciente esperaba en su vehículo a que éste pasara, y tantas otras cosas que son probables que sucedan cuando vas en medio de la calle participando en una carrera.

Existe una Lógica También en el Odio
Tal como lo dice el título, existe una lógica también en el odio: la ciudad es de todos y bloquearla por media jornada para una maratón podría ser visto como una apropiación indebida de un bien

público. Sin embargo, en realidad no se trata de una apropiación indebida porque, en lo que se refiere a una manifestación pública, una maratón está permitida y aprobada por la Provincia en donde se desarrolle.

Pero supongamos que sea así y que de veras esos miles de *"fastidiosos maratonistas"* te han declarado la guerra justamente en la mañana de ese domingo que querías ir a la panadería a deleitarte con un delicioso dulce o que luego querías ir a visitar a esa persona *"especial"* en tu vehículo último modelo, es normal que te sientas molesto, y en tu mente ya empieces a odiar a los runners.

Es verdad, se trata como si fuera un secuestro de una parte de la ciudad por horas y horas, incluido a sus ciudadanos que no les importa nada de la carrera, y de allí el por qué odien a los que corren.

Por lo general quien odia los maratones suele pensar: *"¿por qué lo hacen, no generas dinero con eso, te cansas, sudas, aparte del hecho que estás estorbando mi camino?"*. No está dicho que todos aquellos que se lamentan ese domingo en la mañana porque ciertas vías están bloqueadas por la **participación de los maratonistas** en la competencia, no tengan otra cosa que hacer ese día, todo depende desde qué punto de vista sea visto.

Del resto, si una maratón está bien organizada están garantizados, de todos modos, los medios, las vías y calles para una ciudad, incluidas las principales para circular. Porque sería absurdo pensar que en caso de una emergencia o de necesitar alguna ayuda (algo de vida o muerte) no puedas circular libremente por no poder ser transportado al hospital o ayudado en casa. En todo debe existir una **organización eficiente**, incluso cuando existen los maratones.

Disfruta la Espera

Para aquellos que odian las maratones, los invito a pensar o hacer al menos lo siguiente:

- Disfruta la espera. No cuenta eso que te sucede sino cómo lo tomes. Puedes verlo como unos minutos que puedes relajarte, controlar tu celular, o simplemente despejar tu mente.

¿Qué Te Caracteriza Como Un Runner?

¿Qué te caracteriza como un runner? No es una pregunta con una respuesta simple como podría parecer. Ciertamente, el hecho de correr nos caracteriza de por sí como runner, pero no es la única cosa que nos identifica en nuestro correr. De hecho, existen elementos precisos que se unen al simple movimiento, elementos mentales que, a menudo indelebles, nos dan una forma precisa y definida y, muy frecuentemente, derivan de nuestro carácter.

En el caso particular, si una persona es envidiosa, lo será incluso cuando corre; si en cambio una persona es altruista, lo será también en la carrera; si es maleducado, también será así en cuanto a **calidad de runner** se refiere. El hecho es que estas características salen a relucir en un modo mucho más evidente cuando se está bajo una **fuente de estrés** y se debe recorrer una cantidad imprecisa de kilómetros.

El Objetivo Principal
La carrera, pero también el **triatlón y el deporte** en general, son un medio para mejorar como persona, además que en el aspecto estético y el hecho de ponerse a prueba continuamente nos permite un análisis continúo de cómo somos y de cómo hacemos las cosas.

Just Keep Running- Solo sigue corriendo

Ciertamente que, cuando corres no piensas a todas estas cosas: se convierte solamente en un punto de reflexión sucesivo, en el momento en el cual nos miramos a nosotros mismos y observamos el comportamiento de los demás.

El asunto de la cuestión se encuentra aquí:

- **Aprender de los errores que vemos en los demás** y entender si los cometemos también nosotros.

Al final de esta estrategia es justamente observarnos apuntando hacia un objetivo principal, dejando de lado la presunción o una mejor proyección de un "nosotros".

A menos que no seas un **top runner**, el tiempo tiene valor por sí solo y no viene en función de los otros, pero *¿cuántas veces te ha sucedido de juzgar a alguien porque va lento o con una **cadencia running** que deja mucho que desear*? En resumen, es una especie de **bullying deportivo**. Si jamás lo has hecho, es algo bueno. Pero si lo has sufrido, no repitas los errores que los demás han cometido.

Evidentemente, quien lo hace demuestra aspectos propios de su carácter que debe mejorar (o quizás sólo sea una persona desagradable), no estamos en un mundo perfecto, pero esto no significa que no podamos buscar mejorar al menos algo de este mundo que nos rodea.

La carrera en todo esto nos ayuda porque nos pone en las condiciones de analizar nuestro comportamiento en su expresión más esencial.

¿Qué Te Caracteriza Como un Runner?
Por tanto, la pregunta "*¿Qué te caracteriza como un runner?*" tiene una sola respuesta:

- Lo que me caracteriza como runner es eso que me caracteriza como persona.

Es un hecho, y por tanto no una discusión que, cualquier persona que se conozca o se frecuente en el ámbito de la carrera (**competencia, entrenamiento**, entre otros) sea, primero que todo, conocida, identificada, respetada, y, según su comportamiento también despreciada (entendiéndose en el buen sentido del significado de la palabra) por tantos factores que pueden entrar en juego:

1. **El paso que lleva. La cadencia en el running.**
2. **Los tiempos que realiza**.

Es una peculiaridad del ambiente, se dice que **el running es un deporte que vive de los tiempos**, resultados, del ritmo-competencia, de **desafíos**, y es completamente natural querer clasificar en nuestra mente los fuertes de los débiles, pero a pesar de todo, debe priorizar el respeto hacia cualquier persona, sea cual sea la característica que identifica a ese runner en particular.

Pues como en el mundo real, como en el de la carrera, se trata de una convivencia con el semejante y no tan semejante.

Just Keep Running- Solo sigue corriendo

¿Cuánto Estás Dispuesto a Pagar por tus Zapatillas Running?

Hace un par de años atrás un **sitio web de running** de Dinamarca ha llevado a cabo una investigación basada en una pregunta simple: *¿los zapatos de running de veras valen lo que cuestan?* Quizás te podrías preguntar qué sentido tiene hablar hoy de una vieja investigación, pero a pesar del paso del tiempo, te permite agregar algunas consideraciones al respecto.

Sobre todo, no se trataba de una investigación hecha con sólo 4 muestras, la población analizada era de unos 134.867 runners y de 391 **modelos de zapatillas deportivas**, algo decididamente significativo. Dicha investigación no contaba con ningún patrocinador de ninguna empresa productora y, había sido realizada en base a la participación voluntaria y sin ningún financiamiento privado.

Just Keep Running- Solo sigue corriendo

¿Cuáles Fueron Los Resultados del Estudio?

Los resultados son bastante sorprendentes y, concluían que los modelos más costosos no eran aquellos que habían satisfecho a más clientes, de hecho, a menudo eran aquellos que habían obtenido las valoraciones más severas.

En cambio, y sorprendentemente las **zapatillas running** más económicas habían obtenido en muchos casos valores de satisfacción más elevados que las costosas. Entre esas últimas, por ejemplo, ninguna había superado los 90 puntos (en una base de 100), mientras que diferentes **zapatos deportivos** "económicos" los habían superado: alcanzando topes de 96 puntos sobre 100.

Las 10 zapatillas deportivas más costosas habían obtenido una media de 79 puntos en cuanto a satisfacción, mientras que las 10 más convenientes habían alcanzado los 86 puntos de promedio.

Una Primera Observación Neutral

Una primera observación "*neutral*" (pero muy indicativa) que se puede hacer es que la satisfacción es independiente de la marca y dependiente sólo del precio. Existen marcas (tipo Nike) que tienen una valoración no muy entusiasta entre las costosas y buenas, en comparación con las económicas, y viceversa.

Por tanto, se entiende fácilmente que, el precio influye mucho en la percepción de la calidad y de los beneficios que una zapatilla deportiva pueda ofrecer.

En otras palabras:

- Mientras más pagues, más te esperas que te transforme como por arte de magia en Bolt (el corredor más veloz), y tendrás una opinión más severa si eso no sucede.
- Por tanto, mientras menos pagues por tus zapatillas deportivas, entonces su performance bueno o normal te parecerá superior a su valor monetario.

Entonces, te encontrarás intransigente entre las zapatillas costosas e indulgente hacia las económicas. Se trata de una psicología simple que nos hace pensar, y, de hecho, es así: respetar o no las propias expectativas. Y estas serán bajas para zapatillas de bajo valor y altas para zapatos que son costosos y que representan una buena dosis de gasto.

Podemos precisar un modelo especifico, entre aquellos costosos, la **Nike Air Max**, que si bien no son justamente zapatos de running son más bien bellas zapatillas. Lo que sorprende es verlas incluidas como si fueran para correr, por lo que no parece correcto evaluarlas desde el punto de vista de sus **dotes técnicos** ya que no tienen la **vocación para el running**.

Tampoco sorprende el dominio de los zapatos deportivos **Sketchers** como entre los más económicos y que más satisfacción generan. De hecho, la empresa estadounidense ha basado su propia filosofía comercial en el precio razonable y en el rendimiento medio-alto. Se podría decir, simplificando en pocas palabras que:

- **A menor gasto, mayor retribución**. Y no estaríamos equivocados a dar esta opinión, porque al final se tratan de buenas **zapatillas running** que hacen bien su trabajo.

En Conclusión

Algunas consideraciones finales:

1. El **precio elevado de algunas zapatillas** es justificado en parte por su **contenido tecnológico**, por los **costos de fabricación** y de la *componente de marketing* (por el mismo motivo que los productos alimenticios "sin marca" cuestan menos, porque su costo está cargado en los **gastos de publicidad**).
2. Si un productor gasta mucho en investigación y desarrollo para un modelo nuevo, razonablemente hará que incidan parte de dichos costos en los modelos de punta.
3. Algunas zapatillas tienen costos de producción más elevados que otras. En realidad, no todas las zapatillas deportivas son iguales.

Este es el consejo que te brindamos si nos preguntas qué tenis deportivo comprar:

- Luego de haber encontrado el modelo perfecto para tu pie (y sabemos que los pies de cada persona son diferentes), si no estás obsesionado por querer a toda costa el modelo del año, puedes probar la versión del año anterior, la encontrarás a un precio reducido, pero de todos modos tendrás un **zapato de buena calidad**.

Consejos Para No Aumentar de Peso en Diciembre

Una bella fiesta decembrina está por iniciar, ¡Bienvenido Diciembre! La época más bella del año, con comida abundante en la mesa, fiesta y reuniones en familia y con los amigos, regalos por doquier, bebidas alcohólicas y vino para festejar, pero atención es el periodo en donde corres el riesgo más grande del año: "**Aumentar de peso**", por esa razón, te brindo una serie de consejos para no aumentar de peso en diciembre.

No aumentar de peso en Navidad parece algo imposible, pero en realidad es posible evitar ganar esos odiados kilos de más. Este es el período de las fiestas que representa un **verdadero desafío** para quien está a dieta y es difícil disfrutarlo sin llenarse de tantas calorías por los alimentos que consumimos.

Just Keep Running- Solo sigue corriendo

Los buenos propósitos en Navidad son tantos, pero *¿cómo hacer para que las buenas intenciones de la vigilia de navidad sean una realidad?* Seguramente te resignas a una triste navidad de privaciones y renuncias a lo que más te gusta por miedo a engordar, o, por el contrario, te desahogas y le das libertad a tu personalidad golosa gozándote las delicadeces de la mesa, postergando la cita con la balanza para el año nuevo.

Por suerte, existe el camino del **compromiso contigo mismo** para evitar que caigas en "*sentimientos de culpa*" o "*arrepentimientos*" y para que puedas disfrutar tranquilamente de la Navidad.

Puedes Concederte Cualquier Pequeño Antojo

Cualquier pequeño antojo como un chocolate o un pedazo de Panettone durante las fiestas, te lo puedes permitir, pero en cantidades moderadas. Sin embargo, es **mejor prestar atención a eso que comes**, y sobre todo las horas a las que los consumes, recuerda también dar preferencia al **consumo de las frutas**.

Para la hora de la merienda, lo recomendable es elegir una fruta fresca de la temporada, a su vez, es importante **no permanecer en ayunas** luego del almuerzo de navidad, no olvidando consumir frutas y verduras durante la jornada para beneficiar al cuerpo con las vitaminas, minerales y nutrientes.

Consejo Número 1. No Salgas de Casa Con El Estómago Vacío

El consejo número 1 es no salir jamás de casa con el estómago vacío porque corres el riesgo de iniciar a comer "*comida chatarra*" esperando la cena. **Realiza una merienda sana** con una manzana, un yogurt, y quizás un té verde. Basta verdaderamente poco para llenar tu estómago y evitar que el hambre te juegue malas bromas.

El resultado es que te sentirás saciado hasta la hora de la cena.

Consejo Número 2. Elige un Lugar Estratégico Lejos del Buffet

Cuando vayas a una fiesta de navidad, es preferible que elijas un lugar estratégico lejos del buffet, pues existe el riesgo de que si te sientas cercano a esa mesa donde están exhibidas todas esas delicias que puedas comer no puedas resistir más, y te sientas ansioso.

Si justamente no logras resistir a la tentación, elige un plato pequeño y llénalo de comida saludable como verduras, pero sin los mini panes ni pizza.

Consejo Número 3. Controla las Porciones

El plato ideal está compuesto de media **porción de verduras**, un cuarto de proteínas, y un cuarto de cereales. ***Evita servirte dos veces*** y concédete el dulce sin sentimientos de culpa, elige eso que te gusta más, pero toma una porción más pequeña, de esta manera te estás dando un gusto, pero en pequeñas "*dosis*".

Consejo Número 4. Atención con los Condimentos

Debes estar atenta con los condimentos, si te gusta mucho el salmón evita la mantequilla y no te dejes tentar por la crema que está en la mesa. Es el mejor modo para no engordar en las épocas decembrina.

Consejo Número 5. Champaña Sí, Pero Con Moderación
No todos lo saben, pero las bebidas alcohólicas contienen las calorías llamadas "*vacías*", que no aportan nutrientes, sino que, de hecho, sólo calorías.

Por tanto, concédete un poco de champaña, pero busca equilibrarlo con el agua, que es también un óptimo "**tranquilizador del hambre**" y que te ayuda a sentirte saciado.

¿Cómo Sobrevivir a la Navidad?

Un corredor se puede conceder algo más, no se trata de comer "*dulces*" en el desayuno durante todo el período que dura las fiestas decembrinas, sino de que seamos conscientes de lo que estamos comiendo y que "*ninguna comida está prohibida*".

Ninguna comida está prohibida durante las fiestas, de lo contrario *¿qué sentido tendría?* La moderación es siempre la clave de todo, sin caer en la avaricia. Descubre a continuación, **¿*cómo sobrevivir a la navidad?***

Bebe Mucha Agua

Beber mucha agua es una solución ideal, es uno de los secretos más simples y fáciles pero que sobre todo son eficaces. Al menos **dos litros de agua al día**, en especial durante las fiestas decembrinas.

Si tienes dificultad para beber tanta agua, entonces prueba el **agua saborizada**, o agrégale un poco de limón y jengibre triturado finamente para un **golpe de energía**. Además, el jengibre entre sus infinitas **propiedades terapéuticas**, tiene la **capacidad de desintoxicar**.

Cuidado con la Sal

Es necesario que seas consciente de la cantidad de sal que agregas a las comidas, pues ésta tiene la propiedad de **retener líquidos**. No creo que quieras verte como un globo hinchado por la retención de agua, así que, si necesitas condimentar tus alimentos, la mejor opción es usar más especias, y menos sal.

Lo que puedes hacer es:

- Usar jengibre, curry, cúrcuma, paprika, pimienta (sin exceder).

Darán sabor a lo que comemos, sin que luego tengamos que sufrir las consecuencias de ese "gusto" que nos hemos dado.

¿Ves Alguna Escalera?

Si eres un verdadero corredor, diría que otra opción para sobrevivir a la navidad si no tenemos la opción de **salir a correr**, es que nos hagamos amigos y amigas de las escaleras, subir y bajar escaleras puede también ser un **ejercicio cardio** que hace muy bien a tus piernas y glúteos, además de que te **permite quemar calorías**.

¿Y Qué Con el Panettone o Pan de Oro?

¿A quién no le gusta el panettone? Es muy rico, así como el pan de oro. Nadie dice que no debes comerlo ni agregarle un poco de crema o gotitas de chocolate, sólo que no debes necesariamente consumirlo todos los días.

Afortunadamente, tienen una fecha de vencimiento más que larga y puedes comerlos para desayunos futuros.

Alcohol No, Tisanas Sí...

En vez de tomar bebidas alcohólicas para acompañar las comidas, una muy buena opción son las tisanas que aparte de ser buenísimas, están llenas de **vitaminas, minerales y nutrientes** que hacen bien a tu cuerpo.

Basta **saber elegir las frutas** a utilizar para la preparación de una tisana deliciosa, además de disfrutar de sus beneficios en las paredes del estómago y para una mejor digestión. Adicionalmente, te darán un sentido de tranquilidad, sirve para todas las ocasiones, como:

- **Digestivo.**
- **Relajantes.**
- **Desintoxicantes.**
- **Drenantes.**

Just Keep Running- Solo sigue corriendo

Disfruta en Familia
En estas épocas decembrinas, lo más importante es divertirte y compartir en familia y con los amigos, sal a correr siempre que puedas, también sube y baja las escaleras, sonríe y relaja tu mente, no se trata de obsesionarte con esos kilos de más que puedas ganar o no.

Ciertamente, cada uno de nosotros es libre de hacer lo que desea, pero siempre siendo consciente y con moderación. Si por casualidad, sucede que te atiborraste de tanta comida durante la cena de navidad, no te vayas a matar haciendo ejercicios al día siguiente, pues cuando estás bajo estrés tu organismo se ve afectado y será peor.

En líneas generales, debes escuchar a tu cuerpo, ceder a alguna que otra tentación, pero no exageres, **busca el equilibrio**, y con una **actitud positiva** de que será una navidad bellísima.

¿Estás listo para sobrevivir a esta navidad sin arrepentimientos?

¿Cómo Potenciar la Carrera de Resistencia?

Entre las disciplinas deportivas que te permiten consumir más calorías, está sin duda alguna la carrera, pero, es normal que cuando llegas al gimnasio y ves una chica con un buen nivel de entrenamiento y que hasta te produce algo de *"envidia"* de la buena, corriendo por 40 minutos, tú seas de esos que se preguntan: *"¿pero lograré también algún día correr así?"*

Sin duda alguna, no es algo fácil, pero lo más importante es afrontar con calma y constancia el **entrenamiento cotidiano**. Un ejemplo de entrenamiento a la semana para trabajar en el mantenimiento de una **respiración controlada** y poco a poco, pero con constancia, alcanzar una buena figura, es correr por 30-40 minutos efectuando una combinación entre la carrera y la caminata, para lograr correr sin problemas, gracias a una serie de progresiones entre las dos **actividades cardiovasculares**.

El Consumo Calórico de la Carrera

Desde un cierto punto de vista, **la carrera es una disciplina sana y eficaz**, pero por otro lado no puede ser considerada como una actividad completa, ya que se necesita agregar uno que otro **ejercicio de tonificación** general, tales como:

- **Ejercicios abdominales.**
- **Sentadillas.**
- **Las zancadas.**
- **Lagartijas, entre otros**.

Que se pueden efectuar al inicio del entrenamiento, como un precalentamiento, para luego terminar cada sesión con la carrera y finiquitar con un poco de estiramiento.

Si la carrera se lleva a cabo al final del entrenamiento con los pesos, la carrera es más eficiente para **quemar grasas y adelgazar** más eficazmente porque durante el entrenamiento con los pesos se habrán ya eliminado todas las **reservas de glucógeno** que tenía tu cuerpo en disposición, así que, de esta manera cuando inicias la carrera, incidirá inmediatamente en las grasas, quemando lípidos en 1Kcal/Kg de peso corporal por cada kilómetro recorrido.

Rutina de Entrenamiento Para Potenciar La Carrera de Resistencia

- **Primera semana**: 2 minutos de caminata veloz, seguido de 1 minuto de carrera. Se realizan 3 series, en 9 minutos.
- **Segunda semana**: 2 minutos de caminata veloz, más 2 minutos de carrera. Se realizan 3 series para un total de 12 minutos.
- **Tercera semana**: 3 minutos de caminata veloz, más 2 minutos de carrera. Se realizan 3 series para un total de 15 minutos.
- **Cuarta semana**: 3 minutos de caminata veloz, más 3 minutos de carrera. Se realizan 3 series para un total de 18 minutos.
- **Quinta semana**: 3 minutos de caminata rápida, más 4 minutos de carrera, se realizan 3 series en un total de 21 minutos.
- **Sexta semana**: 3 minutos de caminata rápida, seguido de 5 minutos de carrera, en 3 series para un total de 24 minutos.
- **Séptima semana**: 3 minutos de caminata veloz, luego 6 minutos de carrera, se deben realizar 3 series en un tiempo de 27 minutos.
- **Octava semana**: 4 minutos de caminata rápida, más 7 minutos de carrera, en 3 series para un total de 33 minutos.
- **Novena semana**: 4 minutos de caminata rápida, más 8 minutos de carrera, 3 series. Un total de tiempo de 36 minutos.
- **Décima semana**: 5 minutos de caminata rápida, más 9 minutos de carrera, en 3 series. Total: 42 minutos.

Recuerda seguir con constancia esta rutina que te permitirá **potenciar la resistencia en la carrera**. Sácale provecho al entrenamiento que te permite **quemar más calorías**, y así poder adelgazar o mantener tu peso, sea cual sea tu propósito.

Una Pregunta Frecuente

Una pregunta frecuenta que se hacen las personas tanto del sexo femenino como del masculino, especialmente antes de iniciar cualquier **programa running**, es siempre la misma: ***"¿Cuánto debe durar el entrenamiento?"***

Obviamente depende del tipo de entreno, de los objetivos que deseas alcanzar, pero sobre todo de la intensidad con la cual lo practicas.

Los Omega 3 En el Deporte. Cuando las Grasas Son Esenciales

Los **ácidos grasos omega** 3, junto a los **ácidos omegas 6**, son definidos como **ácidos grasos "esenciales"** porque el organismo humano no es capaz de bio-sintetizarlos. Su **aporte dietético** se convierte en algo fundamental. Los ácidos grasos esenciales tienen un importante rol en diversos tejidos y entran en la constitución de las **membranas celulares**. Su principal fuente alimentaria viene representada por los pescados y algunos aceites vegetales.

Mientras que los ácidos omegas 6 resultan ser muy abundantes en la dieta occidental, sobre todo por el elevado aporte de aceites vegetales, snack, alimentos procesados de la industria (productos como las galletas y los snacks salados), en cambio el aporte dietético de omega 3 es, en cambio, muy reducido.

Según la *Organización Mundial de la Salud* (**OMS**), el correcto aporte entre estas dos clases de ácidos grasos esenciales debería ser alrededor de la proporción 5:1 (Omega 6: Omega 3). Por el contrario, la estimación de su relación en los países occidentales resulta rondar en los valores de 20-30:1. Este desequilibrio represente un factor de riesgo para la salud de la población, de hecho, se relaciona a un mayor riesgo de muchas enfermedades, entre las cuales cardiovasculares.

El Interés de la Comunidad Científica

El interés de la comunidad científica en cuanto al Omega 3 nace de los estudios llevados a cabo en los años 70 en la población de Groenlandia, habituales consumidores de grandes cantidades de lípidos provenientes de una dieta a base de pescado.

Tales poblaciones mostraban una baja incidencia de **enfermedades coronarias**, evidenciando el posible efecto beneficioso de dos **ácidos grasos poli-insaturados** de cadena larga, el E**PA** y el **DHA**. De estos dos ácidos grasos son particularmente ricos los pescados, en particular el pez azul (las anchoas, el atún, las sardinas, entre otros).

Entre los varios efectos positivos para la salud de estos dos ácidos grasos, está la capacidad de **reducir el valor de los triglicéridos** en la sangre, modular los procesos inflamatorios, y mejorar la **respuesta inmunitaria**.

Sobre todo, gracias a los **efectos antinflamatorios**, los ácidos grasos omega 3 desde hace muchos años son objeto de interés científico, también en el **mundo del deporte**. En particular, su importancia proviene de diversos factores, entre los cuales seguramente el hecho de que estos ácidos grasos modelan la acción de muchas hormonas producidas en nuestro cuerpo.

El Papel de los Ácidos Grasos

Los ácidos grasos esenciales están involucrados en la síntesis de la prostaglandina, las cuales juegan un papel importante en numerosas funciones del organismo:

- **Síntesis de hormonas**.
- **Inmunidad**.
- **Regulación vascular**.
- **Dolor e inflamación**.

Los Omega 3 son precursores de la prostaglandina que tienen propiedades saludables para el organismo, tanto para prevenir el riesgo de enfermedades como para **favorecer la salud del atleta**. En particular, los efectos positivos son:

- **Vasodilatación**.
- **Acción anti-inflamatoria**.
- **Modulación de la coagulación de la sangre**.
- **Regulación de los triglicéridos y del colesterol**.

Efectos Sobre El Metabolismo Energético

La actividad física de resistencia entrena el organismo para **mejorar la utilización de los ácidos grasos** durante el ejercicio con un consiguiente ahorro de carbohidratos (**glucógeno muscular y hepático**).

Esta característica de la actividad física es obviamente muy importante, para un atleta de fondo, pues ahorrar glucógeno significa poder afrontar mejor las últimas fases de la carrera.

La **suplementación con Omega** 3 parece mejorar estas **adaptaciones fisiológicas**, aumentando la cantidad de ácidos grasos oxidados durante (y luego) del ejercicio y reduciendo la de los carbohidratos. Además, parecen estimular la expresión de los genes involucrados en la regulación de la oxidación de los ácidos grasos. Esto se traduce en una mayor cantidad de enzimas involucradas en estos procesos.

Además, se ha demostrado que son eficaces en mejorar la **eficiencia del sistema nervioso central**, en particular, en el ámbito deportivo, en cuanto a los tiempos de reacción y el estado de ánimo del atleta.

La Evolución del Look del Runner

La **evolución de la vestimenta deportiva** es directamente proporcional a la conciencia de **ser un runner**. Muchos de nosotros hemos iniciado a correr con el infaltable sweater con la capucha, los **pantalones deportivos**, en el caso de las mujeres franelillas de lycra deportivas hasta las caderas, y con **zapatos de running** de la preferencia. Desde hace años hasta la fecha, el **look del runner** ha sufrido muchos cambios, veamos en esta edición cómo ha sido la evolución del mismo.

Just Keep Running- Solo sigue corriendo

Las empresas han aumentado increíblemente la propuesta running en los puntos de venta de sus **modelos deportivos**, y como consecuencia ha aumentado también el espacio dedicado en el armario de cada runner.

No hace falta ser **un runner experimentado**, para saber que tú también necesitas un kit deportivo adaptado a tus necesidades:

- Una **franela deportiva técnica**.
- **Pantalones running técnico**, así como medias, guantes, gorro, en fin, cuando iniciamos a correr, más o menos seriamente, la palabra TÉCNICO se convierte en nuestro "tormento".

El running se convierte en un estilo de vida influenciando el modo de vestirse cotidiano. Muchas personas difícilmente renuncian a un **par de tenis deportivos**, bien sea Nike, Adidas, o cualquiera sea la preferencia de cada corredor.

La Evolución de una Chaqueta

La evolución de una chaqueta del 1978 es ahora una chaqueta icónica, la *Nike Windrunner Tech 3 mm*, que mantiene el clásico estilo V a una temperatura de 26 grados, es una chaqueta de cierre completo con la parte superior y la capucha en material refractario e impermeable, que tiene una usabilidad adherente y un tejido que garantiza el máximo calor.

Fase 1. Vestimenta Para Correr (Lo Primero Que Encuentre)

Es esa combinación extraña de **pantalones running cromáticos** y una camiseta de algodón, cualquiera que encontraras en casa. Ni siquiera se le prestaba la debida atención a los tenis deportivos y se usaba el primero que se veía en el armario.

Fase 2. Vestimenta Para Correr (Lo Que Te Vaya Cómodo)

Sigue presente esa combinación cromática y de pantalones y camisas de algodón, pero comenzando a elegir esos que te hacen estar cómodos. Así que inicias a meditar en la compra de un par de zapatos adaptados a la carrera.

Fase 3. Vestimenta Para Correr (Materiales Técnicos)

Ya empiezas a comprar indumentaria deportiva que sea de algún material técnico, pero sólo aquella que encuentres a un precio económico, porque tampoco te consideras como un **runner profesional**. Es una elección que haces sin tener que gastar mucho y sin tener que leer tanto la descripción técnica.

Fase 4. Vestimenta Para Correr (Vas Por El Accesorio Técnico)

El material técnico ya forma parte de tu vestimenta deportiva, tanto porque amigos y parientes inician a regalarte todo eso que te sirve para correr, visto que ya saben que te estás convirtiendo en un runner apasionado.

Adicionalmente, en esta fase inicias a osar al menos con un accesorio técnico que te permita también ir a la oficina, quizás alguna prenda intima que no se vea tanto y que te de comodidad al momento de correr.

Fase 5. Vestimenta Para Correr (Tenis Deportivos Técnicos)

En esta fase, ya tienes un armario que está bien equipado de material técnico, hasta de ropa íntima para el verano y el invierno, e inicias a tener una sesión del armario dedicado sólo para la carrera.

Comienzas a pensar dónde comprar un par de zapatillas deportivas que sean verdaderamente técnicas, como aquellas que ves usar a los runners más fuertes, e inicias a buscar noticias en fórums y **sitios dedicados al running**.

Fase 6. Vestimenta Para Correr (Los Últimos Accesorios)

Aquí sólo compras los últimos accesorios que antes considerabas inútiles, desde los guantes técnicos, hasta la cinta para el cabello, la bufanda, en fin, dedicas una parte de tu armario a todo el material técnico.

Cada vez que vas a **un negocio deportivo**, dedicas más de la mitad del tiempo en la sesión de **zapatos running** para estudiar los varios modelos que te interesan y probarlos, pero sin comprarlos. Ya conoces casi de memoria las características de los varios modelos y marcas.

Paso a Paso Llegamos en la Carrera

Just Keep Running- Solo sigue corriendo

En la carrera existe una devoción para aquellos que son **runners apasionados**, y es quizás esto lo que más les guste y los motiva a ir paso a paso en la carrera, el visualizar en la propia mente una línea de meta que señalará el final de un camino que dura centenas de kilómetros y, decenas y decenas de horas de carrera, **core stability**, **estiramientos**, entre otros.

Quien se entrena con la carrera usa sobre todo el paso para indicar la propia velocidad, el mismo es medido en minutos por kilómetros, y representa **cuántos minutos emplea el atleta para recorrer una distancia de 1 Km**. Sabiendo que el paso es inversamente proporcional a la velocidad, esto significa que:

- Mientras menor es el tiempo empleado, mayor es la velocidad.

Cuando conoces tus límites y no lo superas, correr se convierte en una tarea más divertida. Si en cambio, partes a un ritmo muy veloz, incluso si es sólo de algunos segundos al kilómetro, en un momento podrías encontrarte en dificultad, **sentir una fatiga excesiva**, perder la motivación o empezar a sentirte mal. De allí por qué sea importante saber **cuál es el propio ritmo running óptimo**.

Acostúmbrate a la Velocidad
Luego de **entrenamientos constantes**, verás que durante la competencia obtendrás un buen **rendimiento running** si logras **mantener un ritmo constante** desde el inicio hasta el final. Y te decimos cómo hacerlo:

- Una vez a la semana intenta correr 1 Km a tu **ritmo de carrera**. De semana en semana alarga siempre un poco más la distancia y corre a un ritmo de carrera óptimo, hasta llegar a correr de un tercio a la mitad de la distancia de la competencia.

La Frecuencia Adecuada Para Correr
¿Alguna vez te has preguntado cómo hacen los runners top para correr a esas velocidades excesivas? La respuesta a esta pregunta para muchos es que quizás la velocidad está relacionada a la amplitud de su falcada, pero no es exactamente así.

La Frecuencia Antes Que Todo
En la carrera de los atletas de alto nivel, y en los aficionados en manera aún más incisiva, lo que cuenta es seguramente la falcada, pero existe algo que resulta ser aún más importante:

- **La frecuencia de los pasos en la carrera**.

Basado en una investigación realizada por algunos entrenadores ha surgido cómo prácticamente ninguno de los runners top corre a una frecuencia inferior a los 180 pasos por minuto. E incluso, cuando es el momento de acelerar, tal frecuencia va aumentando.

180 pasos Por Minuto, ¿No Es Demasiado?
En realidad, la respuesta puede variar según tu **estilo de carrera**. Para empezar, puedes hacer un pequeño experimento, y cuenta el **número de pasos** que sigues generalmente (es simple, cuenta

las pisadas de un pie en un minuto de carrera y luego las multiplicas por 2), de esta manera encuentra cuál es tu media de pasos al minuto.

Cuando intentes esforzarte un poco más, siempre que sea de una manera natural, la frecuencia aumentará pudiendo incluso superar el valor de 180.

¿Cómo Sacar Provecho De Este Elemento?
Esto de la frecuencia adecuada puede ser usada en dos modos diferentes. La primera utilización es de tipo técnico, la segunda es de tipo mental:

- **Desde el punto de vista técnico** está bien controlar de vez en cuando cómo estamos corriendo y que hagamos una verificación de la frecuencia que tengamos, esto nos podría confirmar o no que la acción de la carrera sea aún óptima.
- **En lo que se refiere al aspecto mental**, en cambio, sucede a veces que durante nuestras salidas de carrera nos encontramos cansados. Suele pasar que cuando falta poco para terminar la **sesión de entrenamiento** o la carrera, no queremos abandonarlo, pero una voz dentro de nosotros nos invita a rendirnos. Por lo que la estrategia de contar los pasos puede ayudarnos a distraernos del cansancio.

¿Por Qué el Core es el Centro de Todo?

Nos referimos a la **estabilidad del Core**, una palabra en inglés que significa núcleo, corazón, centro, en resumen, indica la parte central de nuestro cuerpo. *¿Pero por qué es así de importante?* A menudo se habla de Core como sinónimo de **abdominales**. Pero, en realidad, no son exactamente la misma cosa. En esta oportunidad, averigüemos por qué el Core es el centro de todo.

Los runners, en general, están convencidos que, para **entrenarse para correr**, es necesario **potenciar todas las estructuras musculares** necesarias para una mayor eficacia de la acción de carrera. Se trata de trabajar en la **Estabilidad del Core** la cual garantiza resultados óptimos.

Según la más reciente definición de la *NASM* (*National Academy of Sport Medicine*) se refiere a una región del cuerpo formada por dos **sistemas musculares**: el **sistema estabilizador** (**musculatura local**) y el **sistema de movimiento** (**musculatura global**), que comprenden respectivamente:

- La zona transversal del abdomen.
- El músculo oblicuo interno.
- El músculo del dorso, y
- El músculo transversal espino-lumbar.

¿Cómo Está Formado El Sistema de Movimiento?
El sistema de movimiento, en cambio, está formado por:

- El recto del abdomen.
- El oblicuo externo.
- El erector espinal.
- El cuadrado de la región lumbar.
- Aductores.
- Cuádriceps.
- Músculo isquiotibial.
- El glúteo grande.

¿A Qué Se Refiere la Estabilidad del Core?
Con el Core Stability se hace referencia a la estabilidad de dos sistemas musculares muy complejos y articulares, gracias a los cuales se obtiene la estabilización del cuerpo durante los movimientos que lleva a cabo.

De allí que, **trabajar el Core** es fundamental porque te permite tener un mejor control de todos tus movimientos, no sólo desde el punto de vista deportivo sino también durante la vida cotidiana, y previene una serie de lesiones molestas.

El mejor periodo para dedicarse a trabajar nuestro Core es justamente el periodo invernal. Recuerda que tener un Core fuerte es fundamental para obtener un mejor **rendimiento atlético**. No todas las personas aman las sesiones en el gimnasio, son muchos los que prefieren salir y comerse kilómetros y kilómetros, bien sea en bicicleta, a pie, o nadando, pensando que fuese justamente eso lo que marcaba la diferencia.

En cambio, de lo que no muchas personas son conscientes es de que **son los detalles los que cuentan, y no los kilómetros**.

La Carrera Prolongada Tiende a Hacer Perder Fuerza

El motivo se encuentra en el hecho de que la **carrera prolongada** tienda hacer perder fuerzas, sobre todo en esos músculos que tienen la tarea de **mantener una adecuada postura**. Por lo que es importante ser fuertes, para correr y estar bien, así como para **correr más veloces**.

Los runners que se dedican a la práctica de **ejercicios de la estabilidad Core** encuentran beneficios tanto a nivel de **mejoramiento del rendimiento**, así como en la **prevención de las lesiones**.

La Práctica de la Estabilidad Core

Se basa en la **tonificación de los músculos** que circundan el baricentro, sabiendo que esos ejercicios se basan en la toma de consciencia, al interno de nuestro organismo, de una serie de músculos y, por consiguiente, de su activación para generar movimiento.

La carrera es un continuo subseguir de perdidas y de búsqueda del equilibrio. Durante esta acción repetida a cada paso, los músculos de la zona central del cuerpo deben cumplir el importante **trabajo de estabilización** para soportar el movimiento de las extremidades inferiores.

Por tanto, si los **músculos del Core** son poco tonificados y poco flexibles, es fácil intuir que puedan crear problemas en las extremidades inferiores, pero también a nivel de la espalda, en particular en la zona lumbar, que es la que suele causar más **molestias en el runner**.

Hacerse Fuerte En Un Modo Natural

Just Keep Running- Solo sigue corriendo

Son cada vez más **los runners** que sienten la necesidad de ir al gimnasio, pero que no tienen la posibilidad o simplemente las ganas. En este artículo, te contaremos cómo puedes **hacerte más fuerte en un modo natural**.

Ser fuertes, bien sea en el plano general como a nivel específico, es un requisito fundamental para **prevenir las lesiones**, y para hacerse más resistentes. Esto también significa **desarrollar la fuerza**, que, junto al estiramiento, contribuyen a hacer que el músculo sea flexible y eficiente.

La fuerza, tanto general como específica, no debe ser entrenada de vez en cuando, sino que debe formar parte de un **programa de entrenamiento**, así como cualquier otro **ejercicio de entrenamiento orgánico**.

Desarrolla la Fuerza General
La **fuerza general** se desarrolla a través de los **ejercicios que sirven para tonificar los músculos** que aparentemente no están directamente relacionados con la acción de la carrera. Nos referimos a los **músculos abdominales, dorsales, de los brazos y de los hombros**.

La **fuerza específica**, en cambio, se refiere a los músculos de las extremidades inferiores, los que en práctica nos hacen correr. Que quede claro, no se trata de convertirse en el increíble Hulk, sino de **desarrollar la fuerza de los músculos**.

Aquel que esté más tonificado tiende a no aumentar de peso, y la **acumulación de grasa** en su organismo es menor. Al mismo tiempo, es sabido que **para adelgazar** no basta con sólo correr, sino que es necesario también aumentar la tonicidad de los músculos.

Las mujeres tienen la tendencia a no querer entrenar la fuerza porque temen convertirse en mujeres muy musculosas, y por tanto no agradables desde el aspecto estético. Pero es necesario aclarar que para obtener esos cambios temidos por las chicas se requieren otros **tipos de entrenamientos**, aunado al hecho de que "*naturalmente*" sería muy difícil llegar a ese nivel de una "*fisicoculturista*".

Con El Pasar de los Años...
Los runners, no sólo los jóvenes, sino todos en general, tienden a disminuir su fuerza, por consiguiente, también la **eficiencia muscular** disminuye y los **rendimientos running** tienden a ser menores. Quien se da cuenta que corre más lento, con el pasar de los años no debe pensar sólo al desarrollo de las características netamente orgánicas, sino también a la fuerza.

Por Último, ¿Qué es la Sarcopenia?
La Sarcopenia representa la **pérdida de la dimensión de las fibras musculares** y de la entera **masa muscular**.

La máxima capacidad de producir fuerza se obtiene entre los 20 y los 30 años, luego de lo cual permanece estable por unos veinte años para luego disminuir. No sólo los jóvenes deben desarrollar la fuerza, sino también los más grandes en edad. La diferencia está en la variación del modo de **entrenar la fuerza**, por ejemplo, en los ancianos y en los jóvenes, pues se debe prestar atención a las características del aparato circulatorio que podría no estar en perfecto estado.

La Fuerza General

Para desarrollar la fuerza general, una buena norma es dedicar dos sesiones a la semana para la práctica de estos ejercicios. Durante estos días sería mejor no correr.

Un consejo general es no practicarlos antes de un entrenamiento o de una competencia.

Las maneras de desarrollar la fuerza general son dos:

- **Estabilidad Core**. Que se basa en la **tonificación de los músculos** que circundan el baricentro, siendo esta la zona en la cual confluyen las cadenas cinéticas que representan el punto de activación del movimiento del cuerpo.
- **Ejercicios de tonificación general**. Son los clásicos ejercicios que se deben realizar de una manera natural en una serie de repeticiones. No buscan la **tonificación de la zona Core**, sino que tienen un efecto más global. En práctica, representan los clásicos ejercicios de tonificación general para los abdominales, brazos, piernas y dorsales.

La Carrera en Bajada

Si correr es una caída controlada, **correr en bajada** es una frenada controlada. Pruébalo y te darás cuenta que mientras tu ríes como un niño de 5 años que inconsciente corre veloz de la emoción por algún regalo que ha recibido, así de igual manera todo tu cuerpo físico mientras vas bajando en carrera está buscando de frenarte, no de hacerte correr más velozmente. Pero no creas que correr de esta manera sea un paseo para tu cuerpo.

1. No Exageres

Ok, te esforzarse mucho para llegar a la cima, y ahora deseas la recompensa. Pero no olvides jamás que si corres en descenso significa que, con una buena probabilidad, lo estás haciendo en montaña y que las superficies en las que correrás no son del todo las mejores: rocas, fango, terreno incoherente e inestable, justo la combinación perfecta para hacer que resbales. Por lo que, ante todo **debes tener prudencia**.

2. Alza Las Rodillas y Los Pies

Corriendo en bajada haces muchos pasos en poco tiempo. Así que, para evitar que tropieces y que, por ende, caigas, es fundamental que alces mucho los pies y evites los obstáculos más o menos altos que los existentes en esos tipos de terreno.

3. Frena

Mientras corres en descenso, sientes el calor alrededor de ti, porque probablemente te has transformado en una bola de fuego. Bastaría con entender por qué debes correr menos fuerte. Si debes solamente desacelerar puedes proseguir en zigzag, como si estuvieras esquiando: haciéndolo de esta manera, conseguirás disminuir la pendiente en la cual corres y tu velocidad.

4. Mira Hacia Adelante

Mientras corres en descenso, debes prestar atención a mirar dónde vas a poner los pies, es decir, mira hacia adelante para entender qué superficie encontrarás entre 2/3 pasos, en modo tal de **adaptar el modo de correr**.

Así que no te mires los pies, porque haciendo de esta manera **corres el riesgo de tropezar**, y sobre todo no podrás ver dónde pisarás dentro de unos pocos segundos. Parece algo inconsciente y en cambio, es adecuado hacerlo de esta manera.

5. Pequeños Pasos

Como ya hemos dicho, la carrera en descenso es muy divertida, pero al mismo tiempo es proporcionalmente muy estresante para el cuerpo:

- Los **músculos de las piernas** que normalmente trabajan en extensión para hacerte "**tomar el vuelo**" hacia el próximo metro, en este caso, trabajan en compresión, es decir, como no están acostumbrados a hacerlo.

Para ayudarlos, lo mejor es dar pequeños pasos y muy frecuentes: esto te ayudará a evitar alargar las piernas y tener que aterrizar con el talón, estresando aún más otra parte del cuerpo que ya tiene sus sobrecargas y sobre todo fragmentará la carga de la carrera en diversas micro cargas, en lugar que en verdaderas *"cargas de energía"* que una carrera muy elástica y alargada puede descargar en las piernas.

Y no te preocupes si luego sentirás las **piernas adoloridas**: incluso en descenso, y en especial de esta manera, pues trabajan muchísimo.

Por ende, **evita hacer largas carreras en descenso**, antes de una competencia para no cansarlas tanto.

6. El Peso (Relativamente) Hacia Adelante

Has entendido que tu cuerpo tendería naturalmente a frenarte. Si te observas desde afuera, verías también como inconscientemente lo estás haciendo: moviendo el baricentro detrás de tus rodillas, en un intento de frenar.

La mala noticia es que no es el modo adecuado de hacerlo, porque de esta manera estás más inestable: corres el riesgo de caer hacia adelante y de hacerte mucho daño. Si en cambio, procedes teniendo el peso más hacia adelante lograrás aterrizar mejor en el antepié y podrás correr más veloz y eficazmente, evitando que caigas.

¿La Carrera Reduce El Estrés?

La respuesta a esta pregunta es fácil: ¡sí!, **la carrera reduce el estrés**. Ya lo sabías seguramente, basta haber corrido un par de veces para saber que correr reduce el estrés, pero no está del todo claro cómo funciona el mecanismo que nos lleva a este resultado.

También se debe tomar en consideración otra respuesta: ¡No!, **la carrera aumenta el estrés**. Y razonemos ambas respuestas a continuación.

1. La Respuesta Verdadera Depende de Tu Enfoque

Las endorfinas que produces mientras corres son un paliativo perfecto para las condiciones en las cuales te sientes tenso, incomodo o estresado. Son una especie de anestésico producido por nuestro organismo que tiene como efecto colateral sedar los malos pensamientos.

En realidad, el verdadero objetivo de las endorfinas es reducir la **percepción del dolor** mientras se realizan actividades duras. Y lo mejor es que funciona para cualquier deporte, pero mientras más duro sea el esfuerzo, más efecto tendrán las endorfinas.

Claramente, en el momento en el cual vivimos, la carrera representa para nosotros un momento nuestro, de deshago, de paz, de conciencia, todo esto funciona a la grande:

- **Logras encontrar "paz" de las fuentes de estrés**, porque te alejas físicamente y porque las endorfinas hacen su maravilloso trabajo.

Es justamente este efecto una de las causas principales que nos lleva a **amar la carrera**, a buscar hacerlo lo más frecuente posible y a sentir qué nos hace falta cuando nos vemos obligados a permanecer "*inactivos*".

¿Qué Sucede Cuando Es La Carrera Misma La Fuente del Estrés?

Puede suceder, cuando lo experimentas de la manera equivocada, cuando te sientes frustrado porque no logras mejorar, cuando das mucha importancia a la carrera y los resultados no llegan. En ese caso, las endorfinas no bastan, lamentablemente, y la carrera se transforma de una "cura" a una "***fuente de estrés***".

Por ende, es fundamental nuestra actitud que nos define en la carrera, para decidir cuánto estrés logramos eliminar gradualmente.

No Sólo de Endorfinas Vive el Runner

En efecto, la carrera puede reducir el estrés no sólo por la producción de endorfinas sino también por su particular actitud en "***focalizar los pensamientos***". De hecho, gracias a la mayor solicitud de sangre por parte de los músculos por un período de tiempo elevado, el cerebro pasa a una especie de "***ahorro energético***" y esto nos permite eliminar las distracciones, concentrándonos, a menudo y sin darnos cuenta, en la solución de los problemas.

A este punto, lo mejor es **ponerse los zapatos deportivos**, los **pantalones running** y salir a quemar un poco de estrés.

¿Cómo Se Desencadena el Estrés en el Organismo?

Es notorio que, en los momentos de estrés, **el metabolismo** pueda ser puesto bajo esfuerzo, con un **efecto de debilidad del sistema inmunitario**. Las defensas están mayormente expuestas a infecciones y enfermedades. Nuestro cuerpo se siente en peligro y como respuesta pone en circulación **la adrenalina** que lleva sangre hacia los órganos principales, alejándolos del estómago.

Es sabido que, para **producir adrenalina**, es necesaria la vitamina C, y en un período de mucho estrés es oportuno asumir una mayor cantidad para no incurrir en una carencia. Estudios efectuados demuestran que una carencia de vitamina C reduce la actividad de las **células inmunitarias** que se nutren de los cuerpos extraños, en carencia de vitamina C puede agotar las reservas en el organismo.

Además de la adrenalina, el cuerpo produce también **cortisol**, estas dos hormonas interfieren con **la serotonina** y con otros importantes neurotransmisores como la noradrenalina, y la dopamina. Estos mensajeros son importantes para **regular el funcionamiento de nuestro cuerpo**. Por ejemplo, la serotonina es importante para **regular nuestro reloj biológico interno** y las actividades de varios órganos internos; mientras que la **noradrenalina es importante para el funcionamiento del cerebro**, y la **dopamina para la producción de endorfinas**.

Just Keep Running- Solo sigue corriendo

Correr en la Hora de Almuerzo Elimina el Estrés

El compañero que tiene siempre consigo **zapatillas running**, pantalones y camisa deportiva, y todas esas personas que vemos correr en el parque en la hora del almuerzo, tienen una razón en común: **basta salir a trotar o realizar una caminata veloz** entre los compromisos de la mañana y esos de la tarde, y se regresa a trabajar con las ideas más claras y con la mente despejada.

Esta intuición de buen sentido tiene también una evidencia científica: según un estudio publicado en el *Journal of Enviromental Psychology*, las personas que en la hora de almuerzo hacen algún **ejercicio físico en la naturaleza**, regresan con **niveles psicológicos y fisiológicos de estrés** decididamente más bajos.

Los Parques Mejoran el Humor y el Rendimiento en el Trabajo

El estudio ha sido llevado a cabo por un grupo de investigadores de diversas universidades finlandeses que han estudiado a 76 personas a quienes les fue solicitado pasar la mitad de la jornada en un parque de la ciudad, en un área verde y en una zona densamente urbana o, en un centro comercial.

¿Quieres saber cuál fue el resultado?

Quien había estado en la naturaleza, bien sea un parque de la ciudad o una verdadera área natural, había regresado al trabajo demostrando **niveles superiores de vitalidad**, **energía**, creatividad, y productividad. Quien en cambio se había dedicado a las compras en los centros comerciales o a un simple paseo, donde se sentían ruidos y el smog del tráfico metropolitano, había regresado a la oficina con sensaciones positivas disminuidas.

¿Cuál es la Hora Ideal Para Practicar Deportes?

Muchos se preguntan cuándo es mejor hacer **actividad física** en el curso de la jornada. Para responderla y encontrar la **hora ideal para practicar deportes**, hace falta saber que el **movimiento físico** interviene en uno de los **ritmos biológicos principales**:

- **La alternancia entre el sueño y la vigilia**.

Y obviamente el cuerpo está fisiológicamente predispuesto a moverse de día y a reposar de noche. Esta predisposición se refleja en una serie de **factores fisiológicos** que tienen que ver con la **producción de hormonas**, la presión en la sangre y el latido del corazón, que no son constantes, sino que cambian continuamente durante las 24 horas. Por ejemplo, la **hormona del crecimiento GH**, presenta tres picos significativos durante la jornada (en la primera y cuarta hora sucesiva al sueño y en la primera hora de la mañana).

Por su parte, **la testosterona** (**hormona androgénica**) presenta dos picos (entre las 6 y 7 de la mañana y alrededor de las 17.30 horas), en lo que se refiere al **cortisol** (**hormona del estrés**) su máximo se encuentra entre las 7 y las 8 de la mañana.

Todos estos aspectos influyen en nuestra capacidad de practicar una actividad física. Dicho esto, es también cierto que no todos tienen la suerte de poder elegir el momento perfecto para dedicarse al deporte, y permanecen siempre bajo las predisposiciones personales, entre quienes son matutinos, o quien en cambio prefiere entrenar en la noche.

Sin embargo, no podemos ignorar que la cronobiología, es decir, la ciencia médica de nuestro organismo en las diversas horas del día y de la noche, nos ayuda aconsejándonos de las mejores horas en las cuales podemos desarrollar las diversas actividades.

Así que, dependiendo de tus preferencias, y de la disponibilidad de tiempo libre, puedes elegir entrenar en la mañana, hacer deportes en la tarde, o salir a correr en la noche. Lo importante es ser constantes con lo que hacemos, y saber disfrutar sanamente de los beneficios de la carrera en nuestro cuerpo y para la relajación a nivel mental. ¡No esperes más, y sal a correr!

¿Qué Es la Vejez en la Carrera?

Los años que pasan se perciben en la vida de todos los días y por consiguiente es inevitable que se sienta su peso también en los atletas. Sin una adecuada prevención, se le puede llamar "vejez en la carrera", e incluso puede ser más anticipada, limitando la capacidad de un runner.

¿Qué es lo que se quiere decir exactamente con "prevención"? Visto que de este modo se puede evitar, o al menos, **retardar la vejez en la carrera**. Se trata de la **gimnasia de estiramiento**, útil para **reducir el riesgo de lesiones y daños de los músculos**, pero no sólo eso. Para poder correr de una manera eficaz, es necesario, de hecho, tener **músculos flexibles**.

Lo anterior no significa ser capaz de realizar evoluciones exageradas con el propio cuerpo, sino simplemente lograr hacer sin problemas los **normales ejercicios de estiramiento**, como, por ejemplo: tocar con las manos las puntas de los pies, mientras se estiran bien las piernas.

Músculos Flexibles y Elásticos Para la Carrera

Quien practica la carrera no es un principiante y sabe bien que los **músculos flexibles y elásticos** resultan menos sujetos a las tensiones que se acumulan por medio de las **contracciones musculares** generadas por la **cadencia durante la carrera**.

Lo que, en cambio, una **buena parte de runners**, también con una cierta experiencia, no saben es que los varios ejercicios para el **estiramiento muscular** son útiles para obtener mejoras en la **mecánica de la carrera**. Esto sucede porque el funcionamiento de un músculo puede ser comparado con el de un impulso, ya que restituye la energía en base a cuánta acumula.

Los ejercicios que se concentran en la musculatura sirven justamente para optimizar tal aspecto, haciendo que la capacidad y **potencialidad de los músculos** sean aprovechadas al máximo durante el **movimiento atlético**.

La Carrera Larga y los Músculos

Los runners que ignoran, bien sea los ejercicios de tipo técnico que los de **estiramiento muscular** tienden a concentrarse sólo en un aspecto, vale decir los **entrenamientos de carrera larga**, que, a pesar de ser lenta, en este modo se termina por hacer más débil la musculatura, con el resultado no sólo de penalizar la **performance** sino también de acelerar el **proceso de envejecimiento de los músculos**, subestimando el hecho que se trata de una cosa irreversible.

Esto sucede a causa de la **lentitud de los entrenamientos** que se concentran sobre todo en la carrea larga, porque el **sistema nervioso central** dispone parcialmente las **fibras musculares**, inhibiendo el reclutamiento.

Con el paso del tiempo esta situación no es más recuperable y volver a la condición inicial será casi imposible, además entrenarse limitadamente en largas distancias y a ritmos lentos es contraproducente para los músculos, sobre todo si antes de este **tipo de entrenamiento** no se efectúan ejercicios de estiramiento muscular necesarios para garantizar a los músculos **la**

elasticidad y la flexibilidad indispensables para poder dar un buen performance y soportar las tensiones de las **sesiones de entrenamiento** y carrera para el atleta.

No Te Olvides de los Ejercicios Para La Postura

Para **correr largas distancias**, en resumen, no basta sólo correr, sino que es necesario llevar a cabo otros **tipos de actividades para la tonificación** y el **estiramiento de los músculos**, sin ignorar también los **ejercicios para la postura** y para **mejorar la técnica de carrera**.

En la **carrera larga y a ritmo lento** hace falta **alternar sesiones de entrenamiento más breves** y a una intensidad mayor, para solicitar el músculo completamente y distribuir los esfuerzos en manera diversa. De este modo, además, será incluso más fácil **prevenir las lesiones**, prolongando de esta manera la **carrera del runner**.

Just Keep Running- Solo sigue corriendo

¿Correr Hace Que Envejezcas? Mitos a Desmentir

Como todos saben una de las **actividades deportivas más eficaces para perder peso** es sin duda alguna **la carrera**, pero a menudo, visto que no se improvisa el **ser runners** de un día al otro, la mayor parte de las personas inexpertas piensan que estar así al aire libre, con el sol, el viento y el frío, significa lo siguiente: *"¿no te arruina la cara? ¿No tienes miedo que aumenten tus arrugas? Y ¿Correr con todos esos saltos, no hace menos elástica la piel del cuerpo?"* El running no hace otra cosa que hacernos ver más jóvenes.

Las respuestas a dichas preguntas son múltiples. Sobre todo, la **piel de un runner**, es como la de cualquier persona, debe protegerse y curarse, con productos especiales, en especial si hablamos de **runners femeninas**.

En segundo lugar, nuestra piel lleva los signos de todo eso que hacemos y que hemos vivido. Digamos, que, haciendo una metáfora, somos como una bella cartera de cuero, que con el tiempo y los viajes adquiere encanto. Sólo que debe ser una bonita cartera disfrutada A PLENITUD y no toda arruinada.

Si, en cambio, ignoramos estos aspectos y no prestamos atención a nosotros mismos a través de los años, entonces sí, tanto el viento, el sol, como el frío, para los que practican **deportes al aire libre**, no serán otra cosa que algo dañino.

Consejos Anti-Vejez Perfectos, Dedicados a las Runners al Aire Libre

1. **No salir sin una crema**. Partimos por el rostro, que es la zona más expuesta en cualquier estación. No podemos hacer mucho contra el pasar de los años, pero si podemos hacer que los efectos negativos de los agentes externos y de aquellos internos sean moderados.

Antes de salir a correr, bien sea en invierno que, en verano, después de una adecuada limpieza del rostro, se debe aplicar un **tratamiento hidratante y anti-edad**. Muchas veces pensamos que salimos a *"cansarnos"*, y que entonces no sea necesario prestar atención a nuestro rostro. Además, estamos por sudar, por tanto, es común pensar: "**¿por qué usar un producto hidratante**?" Nada más equivocado que pensar de esa manera. La piel, expuesta al aire libre, a los rayos solares, y a las condiciones meteorológicas no siempre perfectas, debe ser protegida.

Así pues, se recomienda **usar algún producto protector**, con un buen filtro solar en verano, por ejemplo, y algún otro para invierno.

2. **Elige un Producto Anti-Vejez Perfecto**

Los productos no son todos iguales, esto lo sabemos bien. Pero lo que es importante comprender, es que en cada uno de nosotros las exigencias de nuestra piel cambian, incluso de los que son deportistas.

Just Keep Running- Solo sigue corriendo

Por eso muchas **marcas comerciales** lanzan al mercado productos anti-edad específicos para todos nosotros, por ejemplo, existen productos en el caso de que tu piel necesite de un poco de luminosidad, además de atenuar los signos del tiempo, desintoxicarla y levantarla, para hacer que se vea más bella e iluminada.

Adicionalmente, existen productos que previenen las arrugas, la falta de tonicidad, tratan la aparición de manchas, trabajan en el **rejuvenecimiento celular**, y son eficaces para combatir las señales del tiempo.

3. **Vístete Bien**. No, no es el consejo de las mamas y, aunque, no salgas a correr combinando todo tu **outfit deportivo**, pues no es cuestión de fashion, se trata de usar la **vestimenta adecuada para la carrera**.

Para las mujeres, el primer accesorio al cual deben prestar atención es el sostén. El seno de una mujer, corriendo, está expuesto a oscilaciones constantes, y muy a menudo impactantes, el mismo no es sostenido por músculos específicos y con el pasar del tiempo la gravedad pasa factura. Por esto, durante la carrera se debe usar un sostén estudiado para la **actividad física y alto impacto**, que ayude a la piel a permanecer firma y tonificada y, que no provoque daños.

Just Keep Running- Solo sigue corriendo

Las Limitaciones Mentales de un Runner

En cualquier **deporte**, la mente es decisiva, pues puede ayudar a superar los obstáculos o en cambio convertirse en un límite. En esta edición, compartimos contigo cuáles son las **limitantes mentales** más frecuentes en un runner y cómo las puedes combatir.

En un runner, como en cualquier **atleta**, la mente puede ser un valor agregado para mejorarse a si mismo y los propios rendimientos, o simplemente puede ser una limitante, a veces, de hecho, intransitable.

Lo que hace falta saber es que las limitantes mentales son a menudo auto-impuestas y liberarse de ellas es más simple de lo que se pueda pensar. Caer en los errores que a menudo un runner se pone a sí mismo tiene que ver con el **excesivo perfeccionismo**: estar atento a todos los aspectos relativos a la carrera y al entrenamiento, es ciertamente importante, pero buscar siempre la perfección absoluta puede ser contraproducente.

No Todos los Entrenamientos Son Iguales

No todos los entrenamientos son iguales, en algunos nos sentiremos mejor que en otros donde en cambio sentiremos más fatiga, esto forma parte de la lógica de la actividad física. Aspirar siempre a hacer que cada **sesión de entrenamiento** sea perfecta puede hacer que el runner se sienta desmotivado y se deprima cuando no lo pueda lograr.

La perfección es inalcanzable y de los errores es siempre posible obtener enseñanzas útiles, esto es lo que debería tener presente cada **runner obsesionado con el perfeccionismo**, que muy frecuentemente va de la mano con la insatisfacción. Esta última es una consecuencia directa de los objetivos muy ambiciosos que, si no son alcanzando, provocan una falta de satisfacción que a la larga se convierte en frustración.

La carrera no debe ser vista como una serie de tiempos a obtener, sino como una actividad de la cual se obtienen beneficios y un **espíritu competitivo**, tanto con los demás, como con uno mismo, debe ser sana y no "*una obsesión*", de lo contrario se corre el riesgo de frustrar todos los beneficios que la carrera es capaz de aportar, bien sea a nivel físico como mental.

No es posible modificar lo que no se puede controlar: lograr este grado de conciencia reducirá el **estrés de muchos runners** que desean tener todo bajo control, incluso lo que no es humanamente controlable. Y los deportistas saben bien cuánto pueda ser dañino **el estrés en la actividad física**.

Mantener la Concentración

Mantener la concentración en el entrenamiento o en una competencia no es fácil para todos, por eso podría ser útil, para esos corredores que tienden a desconcentrarse: fijar mini-objetivos en el interno del objetivo principal, de este modo se mantienen siempre altas **la concentración y la motivación**, y se logra asimismo el poder dar el máximo sin caídas desde el punto de vista mental.

Recuerda que cuando te sientas tentado a abandonar bien sea la carrera o el entrenamiento, debes **permanecer concentrado y combativo**, para **lograr un nivel de esfuerzo elevado**, debes saber domar y **conquistar tu propia mente**.

Tu "Yo Ansioso"

Es común que cuando se acerca una competencia, te dejes llevar por el pánico y llegues a tener dudas acerca de la **eficiencia del entrenamiento** que estás llevando a cabo, es del todo normal. Se trata de **combatir los pensamientos negativos** que vienen a tu mente cuando corres en una competencia.

Los **psicólogos deportivos** sugieren que la clave para combatir la ansiedad antes de una carrera es sentirse confiados del entrenamiento y repetirse a nosotros mismos:

"**Estoy listo, me siento preparado para esto**", y reforzar este mantra en cuestión cuando vuelves a pensar en todos esos kilómetros que has corrido durante tu preparación.

¿Se Puede Participar en una Competencia Cada Semana?

¿Eres de esos runners que apenas termina una competencia running ya piensan a cuál participar el próximo fin de semana? El running es también un deporte simple, pero, sin embargo, existen diversos modos para aprender a practicarlo: se corre para sentirse bien, **para adelgazar**, progresar y descubrir nuevos caminos.

Lo bello de este deporte es que nada impide mezclar todos estos **perfiles de runner** bajo la misma línea de partida.

Corres Para Divertirte

No es para nada raro ver a los runners "*de tiempo libre*", sin un objetivo real de performance, acercarse a la línea de partida más a menudo que otros **runners agonistas**, dado que no consideran la competición en términos de rendimiento, y manejan el esfuerzo con un **ritmo controlado y cómodo**, divirtiéndose corriendo en grupo, en caminos desconocidos, en lugar de buscar superar un lugar de clasificación o una **prueba cronometrada**.

Dado a que no utilizan a fondo todas sus **reservas deportivas**, estos runners conservan una cierta **frescura física y mental** que puede llevarlos a participar en una competencia cada semana, sin que se sientan cansados.

Desde esta óptica, y escuchando al propio cuerpo, es absolutamente posible participar en las competencias de una manera frecuente y sin riesgos de lesiones.

Objetivo de Competencia

Por el contrario, algunos deportistas se enfocan exclusivamente en las **competencias cronometradas**, en la clasificación y, por tanto, en el performance. Si entras en esta categoría, significa que tu motivación está basada en posicionarte en la línea de partida y poder superarte a ti mismo, para ir más allá de tus límites, e ir siempre más lejos.

A diferencia del runner precedente, no es posible participar con mucha regularidad en una **competencia running** esperando progresar y permanecer constantes en el performance a largo plazo, incluso en las breves distancias. Pues **la fatiga producida por el esfuerzo intenso** hará que corramos en un tiempo mayor, además de que el **tiempo de recuperación** es ciertamente superior.

Multiplicando las carreras en las que has participado cada semana, acumularás un **cansancio progresivo** que te llevará inevitablemente a una **debilidad física y mental**. De allí el por qué sea importante **planificar con atención** cuándo formar parte de una **competencia running**, y cuándo tomarse un descanso, pues de lo contrario no progresaremos y estaremos ante el riesgo de sufrir lesiones.

¿Cuántas Competencias Hacer Durante el Año?

Si en el curso de una temporada te concentras en una carrera en particular, debes seguir un **programa de entrenamiento específico**, desde las 8 a las 12 semanas, durante el cual puedes insertar una prueba preparatoria para **probar tu nivel físico**.

Durante ese periodo no puedes sobreponerte a más de 2 o 3 **programas de entrenamiento**, porque estos últimos deben ser intercalados por **periodos de recuperación** (de 2 semanas para una competencia en distancias cortas, hasta 6 semanas luego de una maratón), durante las cuales es necesario hacer una pausa para que el organismo tenga la oportunidad de regenerarse.

¿Y Si Eres Menos Competitivo?

Incluso si eres de esos runners con un espíritu menos competitivo, es aconsejable inscribirse a una carrera para sustituir una salida running larga, y **romper con la monotonía de un entrenamiento** en solitario. Siempre y cuando seas capaz de frenar el propio entusiasmo y respetando la intensidad prevista por el propio **programa de entrenamiento**.

Con 3 objetivos al año y la consiguiente **preparación running**, no deberías, por tanto, superar 6-8 carreras al año, al máximo una decena si eres capaz de aceptar pulsar ese "*freno de euforia*" en algunas pruebas de entrenamiento.

Recuerda que hacer una carrera y luego otra, no ayudar a **mejorar el performance**, pero tomando algunas carreras como entrenamiento es posible **manejar el esfuerzo** durante el año e intentar, de todos modos, diversas soluciones antes de la competencia, donde buscar el mejor tiempo.

Descubre Estas Ideas de Regalo Para un Runner

Tener una **persona deportista** en la familia o entre los propios amigos puede ser algo que seguramente te llena de orgullo, ya que ese individuo sabrá transmitir amor no sólo por la **actividad física** sino también así otros semejantes, por el constante flujo de la **hormona de la felicidad** "**endorfinas**". Sin embargo, en ocasiones de las festividades y de los cumpleaños nos preguntan a menudo **qué regalar a un runner**.

De hecho, quien corre puede tener una lista de deseos, muy precisa y que seguramente contendrá algo **tecnológico y costoso**, hasta algo más simple que se puede conseguir en cualquier lugar.

Pero para quien no tiene la suerte de conocer los **deseos de los runners**, podría encontrarse en dificultad, tratando de adivinar qué regalar a un corredor. A continuación, intentaremos brindarte algunas ideas para un regalo original para un **deportista running**, sea cual fuera el sexo, el nivel de preparación y también la **pasión por la carrera**.

¿Qué Regalar a un Runner Super Tecnológico?

Para quien ama la tecnología buscará utilizarla al máximo, incluso durante la propia carrera, y hoy en día los **accesorios tecnológicos** están presentes en muchos **tipos de deporte** para cada runner, a fin de satisfacer sus exigencias.

Si deseas regalar algo útil y simple, existen miles de ideas de regalo, por ejemplo, piensa dónde puede colocar el celular o el lector de música cuando corren, podrían ser óptimos regalos originales para el runner.

Ten presente que, **los corredores aman escuchar música**, y puedes incluso regalarle alguna música adaptada a la carrera, con su cantante preferido. Otra idea es regalarle auriculares para el running, para que no se caigan constantemente durante el **entrenamiento**. Gracias a la tecnología es posible escuchar música, disfrutar la naturaleza y **correr seguramente**.

Para un apasionado de la carrera, el regalo por excelencia desde este punto de vista es seguramente el reloj GPS, este accesorio será de gran ayuda para aquellos que desean **controlar la distancia recorrida**, la propia velocidad media, y tener una idea muy precisa de los propios rendimientos al aire libre.

Existen **relojes GPS** de una amplia gama de precios, adaptados a los gustos y preferencias de los runners.

¿Qué Regalar a un Runner Que Ama el Estilo?

La **vestimenta running** es realmente importante, y en lo que puedes notar puede conducir a grandes diferencias desde el punto de vista del rendimiento. Hace algún tiempo atrás, se corría con camisetas de algodón, pero ahora se sabe que el mejor material es el técnico, estudiado específicamente para este tipo de deporte.

En la **vestimenta técnica para el running** se toman en consideración todo lo que un runner necesita: desde el sweater, óptimo sobre todo para el periodo que va desde otoño hasta el inicio de la primavera, hasta los pantalones capaces de **reducir la fricción durante la carrera**, gorros específicos para mujeres y hombres, pantalones reforzados para los hombres, y **sostenes deportivos** para las damas.

Para el invierno, se puede pensar en eso que le permita al runner correr con seguridad, incluso en las horas más oscuras de la jornada, que lo ayuden a mantenerse bien abrigado pero cómodo al mismo tiempo.

¿No Sabes Qué Regalar a una Maratonista?

Para quien desea gastar menos, se pueden regalar **medias técnicas**, particularmente adaptadas a aquellos que tengan problemas de ampollas y requieran el máximo confort durante toda la carrera, o simplemente un gorro o una cinta para la cabeza, siempre dedicados a la carrera y adaptados a la estación más fría del año.

Existen muchos runners que quieren lucir su **pasión por el running**, no sólo cuando corren sino en la cotidianidad, por lo que existe vestimenta específica, que tiene que ver con el **mundo running**.

Espero que te hayan gustado nuestras ideas, y que te sirvan para elegir el regalo ideal para ese runner a quien quieres sorprender.

Printed in Poland
by Amazon Fulfillment
Poland Sp. z o.o., Wrocław